JN408873

# 인생
# 그 아름다운
# 중독

박춘임 수필집

문학공원 수필선 55

# 인생
# 그 아름다운
# 중독

박춘임 수필집

문학공원

〈책을 펴내며〉

# 『인생, 그 아름다운 중독』에 중독되었으면

내 가슴에서 생성하고 내 머리에서 떠오르는 철학대로 살았다.
돌아보면 지름길을 두고 돌아가는 이치가 되었더라도
헝그리정신으로 정직하고 올곧게 앞만 보고 살아왔다.

16살 구로공단 여공부터 공직생활 정년퇴직까지
단 하루도 쉬지 않고 돈을 벌었으니
백만장자(百萬長者) 쯤은 되어있어야 하지 않겠는가만
인생 이쯤 와서 돌아보니
처음은 돈 때문에 험한 고생과 어려움을 극복하며 살아왔고
살다 보니 돈은 그다지 중요한 것이 아니라는 것을 깨달았으며
지금은 돈이 참으로 귀하고 삶의 큰 비중이라 여겨진다.

그래서 삶의 과정마다 내 소망대로 이루고 잘 살아왔다.
누구보다 대차게 살았고 남보다는 자신에게 냉정했던 까닭에
문학은 내 자존심이었고 시는 나의 인생이었다.
육십갑자 돌아오는 동안 시대가 흔들리거나 사람이 흔들려도
든든한 나의 빽, 문학이 있었기에 기죽지 않고
또 다른 인생을 설계할 수 있어서 참으로 행복하다.

특히 코로나19 시대에
사람들이 집에 머물고
새로운 선택을 하고
새로운 삶의 방식을 모색해가고 있는 시대적 변화 속에서
스스로 자신의 그림자와 만나는 시간이 많아지다 보니
시의 힘, 문학의 힘이 여전하다면
뉴 노멀 시대에 우리의 희망도 여기에 있다고 본다.

구구절절 큰소리 잔소리 풀어놓았다.
다 옳은 이야기는 아니겠지만 읽어가는 도중 빨간 밑줄 한 번 긋고
되돌아보고 싶은 중독되는 인생이야기이기를 바란다.

2021년 여름

지은이 박 춘 임

〈서문〉

# 다양한 관심사를 통해 지역사회에 기여하다

김 순 진(문학평론가 · 고려대 평생교육원 교수)

일면식도 없는 분께서 우리 출판사로 책을 의뢰해오셨다. 그것도 시집과 수필집 두 권을 의뢰하셨다. 물론 우리 스토리문학 출신의 천영필 시인과 인연이 되어 의뢰하셨지만 그렇게 모르는 출판사에서 선뜻 출판을 맡기기란 쉬운 일이 아니다.

나는 그가 보내온 수필을 보고 깜짝 놀랐다. 그의 수필은 실로 다양하며, 누구에게나 읽혀지면 삶의 지혜를 얻을 수 있는 그런 수필들로 이루어져 있었다.

그의 수필은 제목과 명언, 그리고 본문의 수필과 시로 이루어져 있다. 그동안 우리 도서출판 문학공원에서는 수많은 책을 만들어왔지만 이렇듯 의미 있고 짜임새 있는 수필집은 만들어보지 못했다. 이에 전화를 걸어 수필로 등단하셨느냐 여쭈니, 시만 등단하고 수필은 등단하지 않으셨다고 한다.

그래서 나는 지금 2021년 <스토리문학> 하반기호(통권 107호)를 편집하고 있고 박춘임 작가의 수필이 너무 마음에 들어 심사위원들께 심사를 의뢰하였다. 왜냐하면 이런 심성 곱고 사회성 밝은 사람이 우리 《스토리문학》의 식구가 된다는 것은 우리 《스토리문학》으로서도 매우 좋은 인재를 영입하는 결과가 되기 때문이다. 하여 박춘임 작가의 수필 10여 편을 추려서 심사위원들께 심사를 맡겼더니 「동거하는 여자」라는 수필을 당선작으로 골라주시면서, 이 정도면 충분히 잘 쓰는 글이며 아울러 우리 수필문학의 동량이 될 수 있으니 등단하기에 타당하다는 심사평이 나왔다.

박춘임 수필가임의 수필에는 두 가지 특징이 두드러진다. 하나는 관심사의 다양성이다. 그녀는 보통 여류작가들이 써내는 내간체문학, 즉 여성들의 신변잡기만을 다루지 않고 부모와 고향, 생활에 대한 반성, 명상, 사랑에 이르기까지 글쓰기는 결국 내면 성찰을 통한 성장 동력 찾기라는 불변의 진리를 깨닫게 해준다. 또 다른 하나는 지극히 애국적이란 것이다. 요즘 사람들은 애국이라는 말을 떠올리면 올드하거나 태극기부대를 떠올릴 수 있다. 게다가 그동안 애국이라는 말이 남성의 전유물인 것처럼 인식되어 왔다. 박춘임 작가는 그런 인식을 떨쳐버리고 나이나 이념에 휘둘리지 않고, 나라와 민족을 위해 소신껏 행동함으로써 점점 더 개인화되고 이기주의로 흐르는 현 시대에 나라와 소속 지방자치단체에 대한 감사함을 표현해 지역예술의 중요성을 몸소 보여준다.

이제 박춘임 작가는 시인이자 수필가가 되었다. 그것은 그가 그동안 열심히 써온 작품들의 결과물이며, 앞으로 이 같이 열심히 창작에 매진한다면, 베스트셀러 작가가 될 것을 의심치 않는다. 시집 『가슴과 가슴 사이』와 수필집 『인생 그 아름다운 중독』을 함께 출간하심을 진심으로 축하드린다.

차례

## 제2부

# 행복을 흔드는 여자

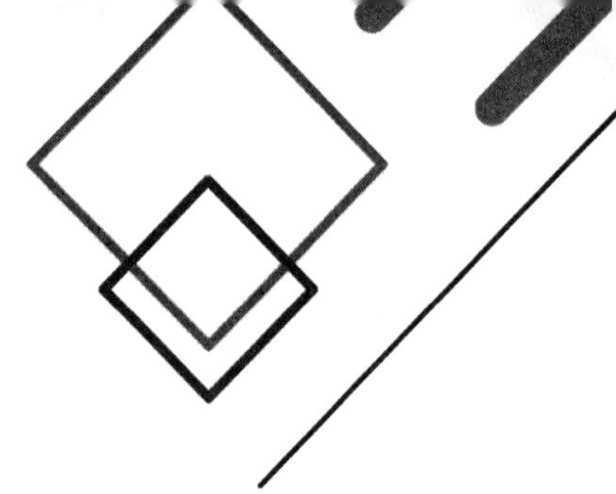

차례

## 제3부
## 인생, 그 아름다운 중독

## 제4부

# 명상으로 세상 들여다보기

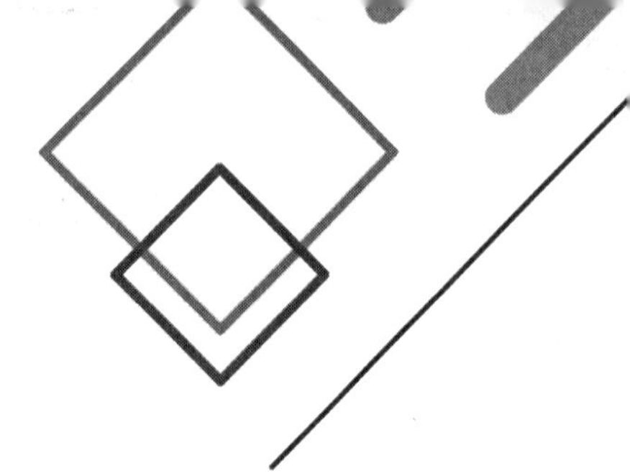

## 제5부

## 더 빨간 열정, 더 달달한 사랑

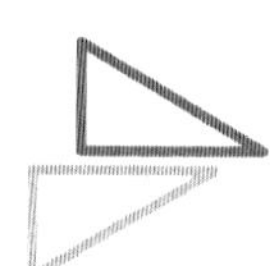
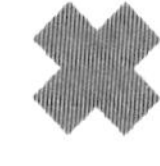

# 제6부

## 울고 있는 아이

# 제1부
# 부끄러웠음을 고백합니다

# 실뿌리 같은 희망

건강에 대한 지나친 걱정만큼 건강에 치명적인 것은 없다.
- 벤자민 프랭클린

하반기 공개급식이 있는 날이다. 해마다 상·하반기로 2회 실시되는 공개급식이다. 아이들의 학예회까지 겸해 학부모들이 방문하다 보니 하반기에는 급식을 먹는 학생 수보다 학부모 수가 더 많다. 구세대와 현세대가 함께 어우러져 살아가는 시대라, 분명 경제적으로나 정서적으로 많은 차이가 있다.

우리들의 초등시절 같으면 집에 먹거리나 식량이 없어 한 끼 식사의 해결을 위해 잔칫집과 각종 행사에 참여하는 경우였다. 그런데 지금은 내 아이들의 학교급식을 얼마나 위생적으로 관리하는지 또는 맛과 식재료의 질적인 면에서 얼마나 안전한 먹거리를 제공하는가 하는, 모니터링차원에서 학부모들은 학교급식을 대접받게 된다.

그리고 식사 후기까지 작성하여 제출하게 되면 학교에서는 철저하게 준비하고 관찰하여 보완할 것과 시정할 사안이 생겼을 때는 즉각 바로잡아야 한다. 학교급식의 원칙도 중요하지만 학부모나 학생이 원하는 고객차원의 입장에서 연구하고 대처하는 시대에 우리는 살고 있는 것이다. 이에 반하여 단체급식을 담당하는 입장에서 보면, 보고해야 할 공문은 얼마나 많은지 기본계획만으로도 1년에 30여 건이다. 게다가 수시로 국회에서 요구하는 자료를 만들어야 할 뿐만 아니라 모든 일을 공문으로 확인하다 보니 실무보다 공문 수발 업무가 더 많고 복잡하다는 생각이 든다.

그래서 때로는 학교라는 곳이 공문을 처리하는 것이 주 업무인 것처럼 느껴질 때가 있다. 실무를 어떻게 하는지는 사실 별로 관심 없다가도 '공문을 제날짜에 정확히 처리했느냐?'가 중요하고 '실제 업무 능력보다는 공문을 잘 처리할 수 있느냐?'가 더 중요하다. 그것은 문서로 남겨두어야 확실한 증거가 되기 때문이리라. 수시로 불시에 실시되는 위생 점검과 이처럼 아이들의 기호도 조사에 만족도조사까지 실시하여 반영해야하는 것이다. 이것은 건강도 중요하지만 음식이 좋아야 또는 밥상이 좋아야 일상에 의욕이 생기기 때문이다. 급식 만족도와 기호도 조사에 참여도가 높아질 수 있도록 식생활개선 교육이 절실히 요구되는 것이며 식생활개선 교육이 기본방향에 강화되어있음은 물론 편식을 없앨 수 있도록 권장해야 한다는 것이다.

단체급식이라는 의미와 효과는 여러 가지로 생각할 수 있겠지만, 친한 친구들끼리 모여 먹으면 거부감 없이 자연스레 먹게 되는 것을 볼 수 있다는 효과도 있다. 영양사는 조리실무자가 만든 음식이 보편적으로 훨씬 맛있다는 사실에 대하여 정직해져야 한다. 또 조리사가 잘하는 레시피의 메뉴를 식단에 넣는 것 또한 먹는 고객과 조리사에 대한 예의일 것이다. 우리 학생들을 대상으로 실시하는 단체급식이 일상에 미치는 영향은 이 뿐만이 아니다. 먹거리로 하여금 아이들의 정서와 성격형성에도 적잖은 영향을 미친다.

요즘의 학교폭력은 갈수록 더욱 더 모질고 강력해지고 있다. 생각해보면 우리들의 학창시절이라 하여 교우들 간에 따돌림이 없었던 것은 분명 아니다. 그때도 학교폭력은 여전히 있었고 따돌림 또한 여전히 있었다. 하지만 어느 순간 때리기도 하고 맞기도 하고, 흩어졌다가 다시 섞여 놀았던 시절이었기에 우리들에게는 사뭇 추억처럼 아름답게 남아있지 않던가? 고구마 한 뿌리 깊은 주머니 속에서 꺼내 나누던 풍경 속에도 편을 갈라 주기도 하고 감추기도 하면서 실뿌리라도 함께 먹고 싶어 자존심을 굽히고 다가갔던 안쓰럽고 짠한 추억도 지금 쯤 아름답게 남아있지 않은가.

요즘은 할머니나 할아버지가 손주를 키우는 결손가정이 많아졌다. 그 결손가정 자녀들의 먹거리에 대해서는 대부분의 사람들이 데면데면하지만, 일반가정의 아이들은 유기농 또는 무 농약을 꼼꼼히 따져보는가 하면 주전부리까지도 유명회사 제품을 선호하여 챙겨 먹일 만큼 먹거리의 본향을 중요시 여긴다. 즉 환경에 따라 차별화 된 것 또한 현실이다.

그런데 분명 그 시절의 먹거리는 서로서로 주고 뺏어도 차별화되지 않고 비슷비슷하게 빤히 아는 것들 아니었겠는가? 이처럼 먹거리와 식생활로 인하여 형성되는 정서는 그냥 저냥 한 것이 아니다. 요즘 아이들이 참 영특하고 똑똑하지만. 지도자는 나오기 어려운 환경이라고 한다. 그것은 골목대장이 되어본 적 없는 사회성 결핍이 원인이라는 이야기다.

그렇다. 나는 내 아이들이 이 험한 세상 살아가면서 흔히 마음 복잡하고 어딘가에 귀속되고 싶은 욕망이 밀려올 때, 어머니의 손맛에서 '향수'라는 단어를 떠올릴 수 있는 아이였으면 좋겠다. 내 아이들에게 그런 화려하지 않으면서 잔잔하지만 진한 고향 같은 음식의 맛을 남겨주고 싶은 마음이 간절하다. 점심시간에 운동장을 뛰며 오가는 아이들의 모습에서 내가 뛰는 듯 활기참과 행복을 느끼는 화창한 오후 시간이다.

"선생님
오늘 밥이 너무 맛있어서 천국 같았는데요
천국에서도 죽을 만큼 맛있었어요"
점심 식사 후
우리 학교 2학년 어린이의 인사말입니다

주머니 속에 쿡 찔러 넣어
가지고 놀고 싶을 만큼 예쁜 그 말

입 안에 굴리며
삼키고 싶지 않을 만큼 달달한 그 말

머리부터 굴러들어오는
어른들의 얄팍한 인사말보다
가슴까지 따뜻해지는 핫팩 같은 그 말

이 맑고 이 순수함이
시가 아니고 무엇이랴

천진한 아이의 인사말이
모두의 가슴에
꽃처럼 피어나기를 기도합니다

# 지속과 해체의 길목에 선 어머니의 맛

새로운 요리의 발견은 새로운 별의 발견보다도
인류의 행복에 한층 더 공헌한다.
- 브리어 사바랭

아들이 다녀간 흔적에는 길거리표 노란 옥수수빵이 감동으로 남아있다. 가을 커피와 겨울 매생이처럼 계절이 향기로 맛으로 다가오면서 다시 옛날을 되돌아본다. 멋지게 포장된 고급 먹거리도 많겠지만 구태여 묽은 밀가루 반죽으로 구워낸 꽃빵을 좋아하는 엄마의 세대를 읽어낸 아들은 이렇게 엄마의 옛날 향수를 사들고 온 것이다. 얼마 전 우리나라 슈퍼푸드를 선정한 결과로는 선뜻 이해하기 어려운 참치 캔이 포함되어 있었다.

그것은 향수를 느끼면서 먹을 수 있는 음식이 정서적으로 힐링이 될 수 있으므로, 옛날을 생각하면서 먹을 수 있는 음식을 선호한다는 것이다. 참치 캔을 옛날음식으로 생각하며 먹는 세대가 있다니……. 참으로 아이러니하다. 내게는 긴 세월이 지났음을 실감하면서 때로는 영양표시보다는 어머니의 맛을 더 그리워하는 맥락이 바로 슈퍼푸드로 선정된 참치캔이 아닐까 싶다. 젊었을 때 몸을 만드는 이유는 자신을 위함이라기보다는 남에게 보여주기 위함이 더 크다고 본다.

그러나 나이가 들수록 삶의 질을 높이기 위하여 자신을 위한 몸

관리가 필요한 것이니만큼 우리의 식탁에 대한 개념이나 먹거리 선택의 여지가 많이 변해가고 있음이 사실이다. 옛말에 자리가 사람을 만든다 하지 않았던가? 그런가하면 시대적으로 보아 자리가 음식을 바뀌게 하고 있다는 것이다. 불편한 사람과 밥 먹는 일을 지극히 꺼려하는 사람이 있다. 또는 편치 않은 밥상을 받고 나면 탈이 나는 사람이 있다.

그러한 예민함과 소심함이 알려주는 진실은 또한 밥상이라는 것이 편한 사람 또는 좋은 사람을 불러 모으는 힘이 있다는 것이다. 무엇보다 식구를 위해 친구를 위해 그리고 나 자신을 위해 쌀을 씻고 채소를 다듬고 삶고 끓여 편안한 밥상 앞에서 도란도란 놀 수 있는 여유는 무엇보다 필요한 것이다. 이탈리아에서는 불을 관장하는 화덕의 신이 있었다고 하지 않았던가? 결국 부엌을 사랑하는 사람 중에는 악인이 있을 수 없음을 알겠다. 그런가하면 먹고 즐기는 일 뿐만 아니라 밥상머리에서 자녀들의 예의범절을 가르쳐오지 않았던가? 아이들에게 그림을 그리게 해보면 아빠가 계신 밥상은 반찬 그릇과 종류가 많은데 엄마와의 식탁은 냄비 째 먹고 있는 풍경을 그린다고 한다.

결국 여자도 자신을 위한 밥상을 준비하는 것이 바람직하다. 옛날에는 식은 밥이 남아있어도 집안에 손님이 오면 새로 밥을 지어 대접하는 것이 우리가 받았던 교육이었다. 그러나 요즘은 밥이면 된다는 개념이다 보니 음식이 한국화된 것이 아니라 우리는 지금 음식에 관한한 현지화된 것이라 볼 수 있을 것이다. 예를 들어 피자랄지 각종 소스에 익숙해진 것은 우리국민이 현지화된 것이라는 것이다. 그런가하면 요즘 셰프들이 뜨고 있다.

국민소득 1만 달러가 되면 책이 팔리고, 2만 달러가 되면 골프인구가 많아지며 3만 달러가 되면 셰프들이 뜬다더니 정말 그런 것일까? 정확히는 2만8천 달러, 반올림해서 3만 달러란다. 대학을 졸업한 청년들 대다수가 실업자가 되고, 취업이 돼도 대부분 드라마 <미생>의 '장그래' 운명만을 찍어내는 지금 이 시대 대한민국의 1인당 국민소득이 3만 달러라니, 믿을 수 없지만 평균은 그런 모양이다.

음식은 사회의 정서를 반영하게 하고 있다. 그렇게 보면 부익부 빈익빈 현상이 점점 더 분명해졌다는 뜻일 수고 있겠다. 잘 살아서 먹는 것에 집착하는 것은 결코 아니다. 사실은 먹고 살기 힘든 만큼 음식에 관심이 많아지는 것이 사실이기 때문이다. 어쨌든 셰프들이 뜨는 현상은 반갑다. 먹는 일을 존중하게 됐다는 뜻이니 말이다.

또 하나 중요한 특징은 요즘 주목을 받는 셰프들이 대부분 인상 좋은 남성이라는 점이다. 인상에서도 벌써 식신(食神)이 강림해 있을 것 같은 느낌과 함께 요리하는 모습에서도 그 사람의 성격이 그대로 드러나는 것, 그것은 곧 열정을 바치는 곳에서는 자기를 감출 수 없음을 볼 수 있다. 이 시대를 사는 남자들이 요리를 하지 못한다는 것은 당연하지도 자연스럽지도 않는 일이다. 다만 요리를 모르는 남자는 누군가의 짐이 될 수밖에 없거니와 그만큼 부담스러운 존재, 무엇보다도 그는 삶의 기쁨을 주는 한 원천에서 소외된다는 이 시대의 정서가 안타깝다.

부엌 아궁이 앞에 수건 둘러쓴 어머니의 모습만으로도 살이 찌는 밥상, 물국수 한사발만 놓고도 어머니만 생각하면 따뜻해지는 그런 정서에 편안함이 될 밥상이 있는 풍경이 그립다. 이것은 어릴 적 꿈을 크고 높게 설정하여 이루는 것 또한 중요하지만 사람에게 자연과 풍경이 있는 고향이 기억에 남아 있다는 것은 정서를 안정시키고 더불어 마음의 귀의처가 되는 것이기 때문이다.

뻔한 찬바람이
온몸에 착 달라붙는
쉰아홉의 팔월 아침
개떡을 빚는다

보리방아 찧은 날이면
어김없이 밥 대신 올라앉았기에
뜬금없이 만나도 익숙한
내 고향 같은 그 개떡

이제는 소울 푸드라 하여
냄새만 맡아도 편안해지는
내 몸 치유의 개떡을 익혀내니

약속처럼 앉아계시는
창백한 어머니의 얼굴
찜솥 안에 가득하다

# 당당한 노년의 역사를 위하여

백 년을 살 것처럼 일하고 내일 죽을 것처럼 기도하라.
- 프랭클린

아프리카에는 '노인 하나가 죽으면 도서관 하나가 불탄 것과 같다.'는 속담이 있다. 즉 한 사람이 가진 경험과 지혜를 높이 평가하는 속담인 듯하다. 그리스의 속담에는 "집안에 노인이 안계시면 다른 집 노인이라도 모셔라."라든지 우리나라에는 "나라님도 노인대접은 한다."라는 속담이 있다. 이것은 단순히 노인을 공경의 대상이 아니라 노인이 가지고 있는 경륜이란 것이 얼마나 가치 있는 것인지를 의미하는 것이 아닐까 싶다.

속도가 경제의 주요도구가 된 사회에서 노인이 가진 지혜가 빛을 발하지 못하고 있는 시대라지만 속도가 아닌 효과성 측면으로 보았을 때 정확성이나 다른 잣대로 평가한다면 노인들이 가지고 있는 지혜의 가치는 대단히 큰 것이다. 노년이 되면 두뇌의 능력이 저하된다는 통념과는 달리 한 사람의 생애란 그만큼 깊고 넓은 역사라는 뜻일 것이다. 얼마 전 텔레비전을 시청하다 김형석 노교수님의 '100세까지 행복하게 사는 방법'이란 주제의 짧은 강의를 만난 적이 있다.

중학교 2학년 때 김형석 에세이 25권의 전집을 밤새는 줄 모르고 읽었던 기억이 있어 마음으로부터 늘 존경해오던 분이다. 올해

96세인데도 올곧은 생각 철학을 술술 풀어주시는 모습을 보고 잠시 짧은 몇 마디의 강의나마 그야말로 찰지고 맛스럽게 시청하면서 멘토 삼고 싶다는 생각을 했다. 그분은 나이가 들어 오래 살려면 고독하니까 일을 가지라고 한다. 사모님과 사별한 지 10년째 아직도 일이 많아 2년 후에는 연애광고를 내겠다고 했다. 98세부터는 일은 접고 사랑에 빠지고 싶단다. 96세 노인의 모습보다는 소년 같은 유머러스한 감각이 감동이었다.

100세 시대라고 하지만 사실 90세 이상까지 살고 싶은 사람은 18%에 불과하다고 한다. 그런 가운데 100세까지 행복하게 사는 방법, 그것은 건강, 경제적 능력, 친구가 필요하다고 한다. 하지만 친구를 너무 가까이 할 필요는 없다고 말씀하신다. 친구들이 하나둘 먼저 떠나가게 되면 몸과 마음이 약해지기 때문이라는 것이다. 우리는 흔히 어릴 때부터 친구를 잘 두어야 하며 특히 나이가 들어가면서 실패한 이유는 잘못된 대인관계에 있다고 한다. 인간관계는 살아가는데 중요하지만 나이가 들면서 사람은 이기주의가 강해진다. 노욕(老慾)이 생긴다. 모든 것을 자기중심적으로 생각하면서 자기도취에 몰입하는 나르시즘에 빠질 수 있다.

요즘은 인터넷에 회자되는 좋은 글이라고 수없이 읽혀지는 문구들을 보면 '늙을수록 친구를 가지라.'한다. 그러나 "친구를 너무 가까이 할 필요는 없다."라는 말에 나는 한층 더 공감을 한다. 인생을 살아가는데 어려서 출세하는 것이 가장 무섭다는 말을 들은 적이 있다. 중년에 상처하는 것 또한 무서운 일이며 노년무전은 가장 실패한 인생이라 할 만큼 사실상 무서운 말이다. 듣고 싶지 않고 말하고 싶지 않지만 해야 할 수밖에 없는 것이 노후 문제이니만큼 인간의 결승점에 가까워질수록 선택을 잘 해야 한다. 스스로 철저하고 영리하게 준비해야 한다.

성경에 모세는 80세에 민족을 위해 새로운 출발을 선택하였다. 나이가 들어가면서 연령에 제한 없이 정신세계가 풍부한 문학인의 세계를 선택하는 사람이 있는가 하면, 신앙의 여부가 삶의 질을 확연하게 축복의 통로로 바꾸어놓는다고 생각하는 사람도 있다. 하지만 결국 초라하고 무서움의 여건, 노년무전이란 말의 상대적 표현인 인간관계가 중요하다는 것은 건강했을 때의 이야기이다. 젊거나 늙거나 건강할 때는 일에 열정을 쏟아야 하리라. 함께 늙어 가는 친구가 마음으로야 힘이 되겠지만 현실은 나도 아프고 당신도 아프고 모두가 아픈 현실이 되어 경제력마저 없다면 비극 중의 비극이 아니겠는가?

현대 노년의 자식 사랑 법에도 일대 혁신이 필요하다. 부모의 긴 노후를 자식이 책임질 수 없는 세상이 된 만큼 늙어서 자식에게 부담이나 짐이 되지는 말아야 한다는 것이다. 스스로의 힘으로 당찬 노후를 꾸려가는 데에는 젊을 때는 물론이며 힘이 있는 한 일을 떠나는 일은 없어야 한다. 친구와의 열정보다 먼저 일에 열정을 쏟고 살아야 하리라. 그래서 노년유전(老年有錢)으로 자식이 부모 걱정하지 않게 하는 지혜로 독립적이고 당당히 살아야 하리라. 스스로의 경험이 파고든 지혜로 슬프지 않은 자신의 역사를 만들기 위해 일하는 열정이 고독하지 않게 노후를 준비하는 한 방편이 될 것이다.

아들에게
하고 싶은 일을 하면서 살라며 키웠는데
장성한 아들이
어떤 일을 하느냐보다는
어떤 사람들과 하느냐가
더 중요하다고 말합니다

나는
가랑비에 옷 젖는 줄 모른다는 말처럼
함께 하는 사람으로 하여금
가슴까지 젖는다는 것을 깨닫는데
반세기가 걸렸는데

일보다
관계의 소중함을 깨달은
아들의 말에
가슴이 벅찹니다

# 한솥밥의 의미처럼

한 시대의 종교는 다음 시대의 문학적 여흥거리다.
- 랠프 월도 에머슨

우리나라 최대 명절인 추석연휴가 끝났다. 예외 없이 민족대이동이 일어났고 그 틈새에 우리부부 역시 긴 여행을 다녀온 듯한 연휴를 마쳤다. 그리고 그 기간 동안 오롯한 가족들과 한솥밥을 나누며 종교를 갖기 전 음복절차 같은 감사와 음덕이 있기를 간절한 기도로 마음속 깊이 빌어마지 않았다. 그러는 가운데 문득 얼마 남지 않은 선거를 앞두고 정치권에 꿈을 두고 있는 사람들은 올 추석 차례 상은 특별한 긴장감이 더해지지 않았을까 생각해보았다.

말하자면 조상님께 제사를 올린 가족들이 '음복'을 즐기며 바라고 원하는 마음을 더욱 투명하게 드러냈을 것이라는 생각이다. 살아있는 사람들과의 사이뿐만 아니라 신명이나 죽고 없는 조상과의 사이에도 음복을 통해 소원하는 마음을 갖는 절차가 이루어진다. 차례를 지내고 나서 제상에 올랐던 제수와 제주를 나누어 먹는 이 음복절차는 신인(神人)과 조손(祖孫)을 잇는 결속 수단이었다. 이처럼 조상과 후세를 잇는 음복술을 나누면서 정치권에서 쫓고 쫓기는 사람들의 긴장감은 아마도 남달랐을 것이다. 그러나 마음은 진실할 때 통(通)하는 것이다. 거짓과 위선으로 얻은 마음, 남을 핍박하고 궁지로 몰아서 얻은 반사적 이익이 결코 오래갈 수 없음은 민심과 천심이 맞닿는다는 이치와 같다. 아울러 정치권에서 뿐만이 아니라 우리지역 정서에도 마찬가지일 것이다.

고려시대를 거치고 조선시대를 겪은 근세까지도 법도 있는 집안에서는 친계로 8촌, 외계로 4촌, 처계로 2촌까지는 한솥밥을 먹는 것이 상식이었다. 지금도 직장이라든지 일체감을 다지는 공간에서 "한솥밥을 먹는다."라고 표현하는 경우가 종종 있다. 그만큼 가깝다는 의미일 것으로 보아야 한다. 마음이 통하는 이치를 깨달아 무릇 조상을 두고 음복하는 마음처럼 내 가까운 이웃을 조상처럼 섬기는 정이 그립다. 돌아보면 안타까운 일들이 얼마나 많던가? 이웃의 아픔을 즐거워하며 혹은 나의 아픔을 알아주는 이가 없어 서글퍼하기도 하는 상황들이 비단 이 같은 몇 줄의 글이나 몇 마디의 이야기 뿐만이 아니다.

눈뜨면 만나지는 내 지역 내 이웃들이 한솥밥을 먹고 사는 듯, 늘 고향이라 부르게 되는 듯. 그랬으면 좋겠다. 올 추석날 밤에는 왕인 박사 유적지에서 가졌던 달맞이공연에 참여했었다. 함께 어우러져 섞어지는 물 같은 사람들이 어찌나 보기 좋았든지 월출산에는 보름달이, 우리에겐 사랑의 보름달이, 그리고 세상에는 둥근 情이 떠오르는 평화로운 영암 땅, 이곳이 내 고향이기를 옛날 음복하는 마음으로 간절함을 더해 기도해본다.

원칙이거나 규칙이거나
사람을 위하여
사람이 만들어놓고

예의범절이거나

상대방 입장의 깊은 사정은 관심도 없이
인정사정 볼 것 없는 시대정신을
기꺼이 받아들이고 따라가야만 하는
안타까운 순간들이 참 많습니다

그러나
공감을 넘어서야 동감이 되는 것이기에
자분자분하고 싶은 말들
주섬주섬 주머니에 쿡 찔러 넣어둡니다

# 부끄러웠음을 고백합니다

만일 우리들이 자연계 속에서 더욱 더 자연을 느낄 수 있는 것을 연구하고
자연의 원칙에 따라 행동한다면
그것이 우리 인간들에게는 얼마나 즐거운 일이겠는가.
- 윌리엄 펜

치욕과 애증, 그리고 애환이 서로 뒤엉켜져 설명하기가 쉽지 않은 나라 일본, 그러함에도 이설의 여지는 없어 보이는 나라이기에 꼭 한 번은 가보고 싶었다. 관광지로 알려진 곳이 아닌 평범한 일본인들의 일상을 둘러볼 수 있는 여행이 필요했던 것이다. 우리 세 식구는 아들을 안내자로 앞세워 설 연휴동안 여유롭게 다녀올 수 있었다. 그리고 인천공항을 떠날 때와 도착했을 때의 마음이 확연히 달라있음을 실감했다.

아마도 일본을 다녀온 사람들의 첫 인상은 비슷할 것 같다. 공항에서부터 어느 작은 시골마을을 들어가도 깨끗하다는 것이다. 친절과 예의바른 모습에 놀랐다. 차분하고 조용한 가운데 질서가 바로 선 국민의식을 접하면서 일본에 대한 감정을 잠시 내려놓고 냉정해지는 마음은 어쩔 수가 없었다. 어디나 사람 사는 것은 같다는 생각을 했다. 그러나 시민의식과 도덕심이 높은 사람들이 사는 곧 선진국은 다르더라는 것이다. 무작정 버리는 사람이 없으며 자신의 집과 가게 앞은 스스로 치우기 때문에 가능할 수 있는 것, 즉 돈과

노력이 값지게 제 역할을 잘하더라는 것이다. 4박5일 동안 거리에서 휴지 한 조각을 발견하지 못했다. 시골 논두렁 밭두렁에서 비닐한 조각 발견하지 못했다. 숙소 가까운 식당가에 들러서도 음식물 쓰레기 봉지를 발견하지 못한 우리가족은 "도대체 이 나라는 쓰레기를 어디에서 모아 어디로 내 보낼까?"하는 이야기를 나누었다.

음식의 홍보는 아르바이트생으로 생각되어지는 젊은이들이 배꼽에 양손을 모으고 손님들을 모셔가는 모습을 쉽게 만날 수 있었다. 동방예의지국이란 말이 있다. 동쪽에 있는 예의를 잘 지키는 나라라는 뜻으로 예전에 중국에서 우리나라를 이르던 말이다. 물론 문화의 차이겠지만 식사 때 모두 모여서 시끌벅적 이야기를 나누며 먹는 일반적인 우리의 모습보다 그들은 좀 더 개인적이고 차분하면서 조용하기 때문에 혼자 먹는 문화가 보편화 되어있었다.

청결한 식품 위생을 강조하다보니 각자 따로 밥과 반찬을 먹을 수 있는 도시락이 발달되어 있었다. 편의점이나 백화점에서는 필요 없는 일회용품은 찾아볼 수가 없었다. 아예 쓰레기로 나갈 것들은 제공하지 않는다. 가는 곳마다 전단지가 이브자리처럼 깔려있는 내나라, 각종 현수막이 태극기처럼 펄럭이는 우리 동네의 모습을 떠올리지 않을 수 없었다. 하물며 우리 집 마당에 미처 치우지 못하고 떠나온 덜 채워진 쓰레기봉투까지 마음에 걸리는 듯했다.

그뿐인가? 일본에 머무는 동안 자동차 경적소리를 들어본 적이 없다. 교통비가 비싼 때문인지 자전거가 많으며 보행자 우선 원칙이 뚜렷하게 지켜져 자전거나 자동차의 경적소리를 들을 수가 없었다. 주택은 대부분 작고 오밀조밀하다 그리고 담이 없었다. 지진에 대비해서인지 주로 목조주택들이 많았으며 집 근처에는 주차공간이 확보되어있어 무질서한 주차를 볼 수가 없었다.

그렇게 조용하고 차분한 나라에서 알뜰한 여행을 마치고 4박5일 만에 인천공항에 도착한 우리 세 식구는 똑같은 의미의 말하지 않지만 알 수 있는 안타까운 미소를 서로에게 보내고 있었다. 몇 발자국만 걸어도 걸리적거리는 티슈, 버려진 종이컵, 나뒹구는 각종 영수증, 하물며 크나 큰 스티로폼 박스까지 데굴데굴 구르는데 그 안타까운 마음을 어쩌란 말이던가? 정책적으로 정해진 제도권 안에서도 분명 우리가 바꿀 수 없는 일은 있다. 그러나 우리 스스로 의식적으로 갖추어야 할 기본은 부끄러움을 느꼈을 때 고쳐나가야 할 일이다.

우리는 단합을 잘하는 국민이라고 한다. 그러나 사실은 그렇지 않음이 슬프다. 둘만 모여도 주류와 비주류로 나누는 지나치게 감정적이면서 법과 질서를 아무렇지 않게 어기고 사는 우리는 그것이 부끄러움인 것을 느꼈을 때 배울 것은 배우자는 것이다. 그래서 외국에서 배울 점을 찾더라도 내 나라를 경멸하지 않는 자세로 다시금 온돌방의 인성교육이 이루어졌으면 하는 바람이다.

지상에서 올려다보던
하늘이거나
하늘에서 내려다보는
지상이거나

비행기를 타고
하늘로 올라가는
단 몇 초의 황홀함이라니

분명 우리는
하늘의 품안에 살고 있더이다

이 아름다운 우주에
하늘이 품은 삶
지금 이 자리가
천국이 아니고 무엇이랴

# 시(詩)밭에서 언론을 푸념하다

나는 신문 없는 정부보다 정부 없는 신문을 택하겠다.
- 제퍼슨

우리는 지금 21세기 첨단정보의 시대, 세계화 시대에 살고 있다. 그러나 실제로는 등잔 밑이 어두운 '불편한 삶을 살고 있지는 않는가?'를 푸념해본다. 얼마 전 누군가 내게 똑 부러진 질문을 해왔다. "당신의 독자가 '이런 글도 글이라고 썼는가? 이런 책도 책이라고 출간했는가?'라고 한다면 어떤 심정이겠는가?"라는 것이다. 사람 사는 일은 각자 다를 수 있겠으나 아마도 이에 대한 대답은 같은 심정이리라 여겨진다. 구차히 이렇게 서두를 시작하는 데에는 충분한 이유가 있다.

풀뿌리 지역신문의 역사는 중앙 일간지에 비해 매우 짧다. 지역주간신문의 발행이 실질적으로 가능해진 것은 1988년 5공 정권시절이다. 당시 언론기본법이 폐지되고 정기간행물등록법이 제정되면서 시설기준이 완화된 후부터였기 때문이다. 그렇다면 우리지역의 정보매체로 등장한 지역신문은 이제 겨우 초등학교를 졸업한 나이에 불과하다. 중요한 것은 "우리지역의 언론이 지역주민들의 사랑을 받고 있는가? 지역주민들에 의해 선택받고 있는가?"하는 문제다 그것은 지역주민들의 삶에 필요한 정보를 줄 수 있는 유일한 매체이기 때문이다. 지방자치나 지방분권 균형발전을 위해서도 지역 언론은 중요한 역할을 한다. 이런저런 선거에 그 어떤 매체가 지역의 상세한 정보를 제공할 수 있을 것인가?

지역주민들의 정서를 지역을 관점으로 이야기할 수 있는 매체도 역시 지역 언론이다. 신자유주의에 맞서 강력한 공동체를 만드는 일도 바로 지역 언론만이 할 수 있다는 말이다. 이러한 지역 언론은 행정기관의 홍보지도 아니고 토호세력의 정계진출 발판도 아닌, 지역주민의 관점에서 지역사회에 일어나는 일들을 독자들에게 알리는 신문고 역할을 하고 있다고 본다. 지역사회 내의 정보교류나 여론수렴의 수단이 없다면 사회적 효율성이 떨어질 뿐더러 지역사회 내의 현안을 민주적으로 해결할 수 없는 것이다.

지역사회를 진정한 지역공동체로 변화시키기 위해서는 지역사회의 공익과 공동선을 위해 지역주민의 여론을 결집하는 지역 언론이 우선적으로 필요하다고 본다. 그러함에도 불구하고 참으로 불편한 진실이 있다. 자신이 속한 집단의 이익을 위해 목소리를 크게 내는 정치인이나 지역유지들은 흔하지만, 지역 전체의 공익을 위해 앞장서는 사람들을 그다지 많지 않다. 그러다 보니 결국 지역사회는 공동체라기보다는 각자의 이해관계에 얽혀 이합집산 야합의 장으로 전락하고 말았고, 일부 언론은 정치인들의 정략적 선동에 악용되는 그야말로 위험한 언론이 되기도 했던 것이 우리지역 언론의 현실이다.

지역신문은 지역감정 해소와 지역공동체의 발전에도 필수적이다. 하지만 사실은 국가적인 지역갈등은 물론이고, 한 지역 내에서도 혈연과 지연과 학연을 통해 파벌이 나뉘어 각자의 이익을 챙기기에 급급한 경우가 대부분이다. 거기에 가장 공정하고 바른 태도로써의 책임과 의무를 다해야할 일부 공무원까지도 그 증상조차 제대로 파악하지 못하고 있다. 너무나 오랫동안 지도자의 잘못된 정서에 젖어 살아왔기 때문이리라. 어쩌면 그렇게 체질화된 것인지도 모르겠다. 관계된 업무에 '언론으로부터 냉정한 감시를 받았다.'고 하여 그를 거부하고 언론을 언론답게 보지 않는 처사랄지 가장 민원을 보듬어 현명하고 정직하게 처신해야 할 본연의 직함이나 자리를 이탈하여 경우에 어긋나는 공무원의 언행은 어쩌면 우리군민이 불편한 삶을 살고 있다는 실망감까지 안겨주는 것이나 다를 바 없는 것이다.

이제는 선진화된 의식이 필요할 때이다. 냉정하고 서슴없이 지방자치를 감시하고 견제하는 지역 언론의 역할에 함께 지혜를 모으고 참여해야 한다. 지역 공동체를 키우는 건강한 언론, 좋은 언론을 키워내는 건강한 지역 공동체가 되어야 한다고 본다. 그래서 "우리 사는 지역에서도 돈과 권력을 가지고도 안 되는 일이 있다."는 것을 이제는 깨달아야 한다. 언론의 정도를 고집하고 신문 외에 다른 일에 한눈팔지 않으며 편법을 쓰지 않는 언론이라야만 산적한 문제들을 낱낱이 파헤치고 대안을 제시할 때 지역 내의 어렵거나 난감한 문제들이 해결될 수 있는 것이다.

지금 세상에는
알바노조의 투쟁
빨간 머리띠를 두르지 않은
과식투쟁의 눈물 나는 고통분담이 있으며

지금 대학로에는

풋풋한 청춘들이
위기의 강
고통의 대호를 건너느라
남루해가는 청춘들이 있습니다

코로나와 싸우고
경제와 싸우는 이만한 재앙 앞에
사람과 사람이 뭉치고
싸우지 않는 국민이 영웅입니다

포장의 기술이 되어버린 선거에
싸우지 않을 사람
협치 하는 위정자가
영웅들의 간절한 희망입니다

# 환경호르몬 피해와 유기농산물의 필요성

건강을 유지한다는 것은 자기에 대한 의무인 동시에
사회에 대한 의무이기도 하다.
- 프랭클린

1961년 박정희정권 이후 급속화된 중화학공업정책으로 우리나라의 농촌 규모에 4개의 농약회사면 충분할 수 있는데, 화학비료회사와 농약회사가 14개나 세워졌다. 이로 인하여 1990년에는 1헥타르 당 420킬로그램의 화학비료를 사용하여 세계 1위를 했고, 농약은 906종류에 1헥타르 당 13.6킬로그램을 사용해 그 또한 세계 1위를 유지하게 되었다.

그뿐인가? 우리 어린이들이 외부에서 사먹는 가공식품, 즉 간식류에는 첨가제가 약 520종이 남용되고 있다. 즉 가난한 나라가 중화학공업정책으로 부자가 되면서 굉장한 부작용을 인지하지 못하는 가운데 일으키고 있었던 셈이다. 자연이 오염되면 반딧불이가 가장 먼저 죽는다. 대기, 수질, 토양오염이 심화되는 가운데 환경의 척도인 반딧불이 없어지는가 하면 봄이면 그토록 흔하게 날아들던 제비마저 멸종의 위기에 있는 것이다. 유기농업이나 친환경법 농업을 홍보할 때는 영상으로 반딧불의 노는 모습을 담아 홍보할 만큼 환경의 척도가 되는 것이다.

이렇게 자연생태계가 무차별적으로 파괴됨과 동시에 제비가 사는 농가는 현재 1%정도밖에 되지 않는다. 국내에서만 매일 동식물들이 1.4종씩 멸종 중이고 연간 500종의 씨가 마르고 있다. 세계적으로 본다면 1년 만에 만종의 씨가 마르고 있다는 결과이다.

그렇다면 이러한 현상들이 우리 아이들에게는 어떠한 영향을 미치고 있는가? 살펴보면 햄버거에 14가지의 화학물질첨가, 아이스크림에는 50가지의 화학물질첨가, 피자의 경우에는 13가지의 화학물질이 첨가되고 있는 실정이다. 어른들은 우리 어린이들이 이러한 화학물질이 첨가된 맛있는 간식거리를 이대로 방치해 두어서는 안되는 중요한 이유가 또 있다. 환경호르몬[1]이 우리몸속에 들어오게 되면 모든 장기에 간섭을 하게 되며 수컷들의 정자 소멸에 직접적인 원인이 되고 있기 때문이다. 어린이들뿐만이 아니라 국민건강 피해를 보면 암으로 인한 사망률이 2012년 말 통계가 현재 생존자의 36.4%가 암에 걸려있다는 것이다. 1961년도에는 암으로 인한 사망자가 전체사망자의 1%가 되지 않았다. 그런데 50년 후 현재는 무려 36.4%가 된 것이다. 아토피라는 말은 그리스어로 표기는 하고 있으나 면밀히 살펴보면 그 뜻은 원인을 알 수 없는 병이라는 뜻이다. 그것이 바로 환경호르몬의 영향인 것이다.

우리나라의 중화학공업이 발달한 시기에 접어 현재 50세 이상은 상상도 못했던 정자부족으로 임신 불능의 남성폭증이 그 증거이며 현실이다. 30-40세 기혼남자 중 남성은 20%, 여성은 13.8%가 불임이 우려된다고 한다. 정자수가 감소하고 있음은 물론이며 약 20%의 남아있는 정자수로는 수정되기가 어렵다는 것이다. 정자가 난자를 향해 18cm를 달려가는 것인데 그 18cm는 우리인간이 마라톤

1) 환경호르몬: 2,400만 화학물질을 함축하여 이르는 말

거리의 2.5배정도 뛰어야 할 만큼의 에너지가 필요하다고 한다. 그만큼 정자수가 줄어들 뿐만 아니라 힘도 없어서 수정이 어려워 불임이 많아지는 추세이다. 옛말에 22세 때는 소변줄기가 솥뚜껑도 뚫는다고 한다. 그것은 남자의 일생 중 가장 힘 있는 시기가 22세이기 때문이다.

임산부에게 엄습하는 불행은 어떠한가? 임신 2개월에서 6개월 사이에 유산이 연간 5천명, 7개월 초 이후 8개월 말까지 미숙아가 4만 명이나 된다고 한다. 미숙아를 인큐베이터에서 키우지만 돈이 없어서 일부러 호흡기를 제거하는 경우가 있다는 것은 엄청난 비극이다. 정상적으로 출산했으나 기형아가 된 아이들이 연간 4만7천명이나 된다고 한다.

생각해보자. 예부터 임신하면 모든 음식을 예쁘고 매끄럽고 반듯한 것을 골라 먹는다. 그러다보니 농산물이나 과일 역시 모양새 좋은 것을 골라 먹다보면 농가에서는 모양새 좋게 생산하기 위하여 화학비료나 농약을 무수히 뿌려야 만이 보기 좋은 과일 채소가 생산되며 30여 년 간 본인스스로 화학물질을 섭취하여 누적된 몸에 임신으로 말미암아 또 충분한 화학첨가 된 농산물을 섭취함으로써 기영아 출산의 직접적인 원인이 되는 것이다.

여성의 몸 중에 자궁이나 태반은 어떠한 병균도 들어갈 수가 없게 되어있다. 그러나 환경호르몬만큼은 자궁벽을 뚫고 들어간다. 그런데 독일의 의료진에서 연구한 결과 그 치료법은 유기농만으로 치료가 가능하다는 결과가 나왔다. 유기농만으로 21일 만에 치유된 사례를 기초로 하여 모든 현대병을 치료할 수 있는 방법은 유기농산물 외에는 없다는 것이다.

요즘 우리아이들의 성장기를 살펴보면 소년은 7세에 자위행위(정상은 15세)를 하고 소녀의 경우 7.5세(정상은 14세)에 초경을 하는 경우가 있다고 한다. 이것은 결국 조숙에 따른 성장미진으로 발육중단의 피해가 커져서 20세 전 후 사망률이 높다는 결론이다. 조숙한 경로를 살펴보면 우리 몸에 식물성 성장촉진제는 사실상 큰 피해가 없다고 한다. 동물성 성장촉진제는 우리 몸에 들어오게 되면 자신에게서 분비되는 촉진제로 정상적으로 성장을 하고 있는데 성장촉진제를 먹여서 키운 동물(즉 육고기, 우유, 달걀 등)의 섭취를 더함으로써 빨리 조숙하게 되는 것이다.

결국 우리는 무항생제를 먹여야 하는 이유에 충분하다. 동물에는 성장호르몬을 억제시켜야 하며 기필코 유기농산물을 섭취함으로써 치유를 시도해야만 한다. 현재 의사들이 알고 있는 불편한 진실이 있다. 그것은 암은 수술로는 절대 치료되지 않는다는 것이다. 다만 생명연장만 될 뿐이라는 것, 유기농 자연식만으로 치료가능하다는, 즉 공식적으로 부정하지만 먹을 수밖에 없다는 입장이며 그들의 양심선언이 바로 '유기농채소가 곧 의사다.'라는 베지닥터2)이다.

지금 우리 학교급식은 친환경농산물사용이 급격히 증가한 추세이다. 그러나 친환경급식만으로는 아토피 치료가 되지 않는다. 유기농산물 급식만이 원인을 알 수 없는 피부병, 아토피를 치료할 수 있다. 유기농급식은 학교급식으로부터 시작되어야 한다. 친환경급식은 아토피를 잠시 멈추게 했을 뿐이다. 우리나라가 많이 발전하고 잘살게 되었을 뿐더러 공업화되어있지만 그 부작용이 상상이상으로 심하다 그것은 바로 살아있는 밥상, 바른 먹거리에서 치유된다고

2) 베지닥터: 채식을 권하는 의사들의 모임

보아야 한다.

## 송홧가루의 기적

흐드러지게 피었던 봄꽃들이
벌 나비를 불러들여
수분을 다하고 떨어진 자리
폭죽처럼 터진 송홧가루가 들어앉았다

처녀 젖가슴처럼 탐스럽게 피어서는
자유를 열망하는 바람으로
산을 넘고 산자락을 돌면서
하늘마저 노랗게 물들이고 있어

살아 펄펄 뛰는
곤충 몇 마리가 아니라도
바람 한 점으로 우주 끝까지 갔다가
끝내 영겁의 존재로 남는 기적이어라

## 줄 선 사람들! 나 아니면 안 된다?

눈길을 걸어갈 때 어지럽게 걷지 말라.
오늘 내가 걸어간 길이 훗날 다른 사람의 이정표가 될 것이다.
- 김구

양반 가문의 서자로 태어난 반석평을 아시는가? 노비 신분으로 이 참판댁의 종으로 살아가던 반석평은 주인집 아들이 공부하는 동안 몰래 밖에서 도둑 공부를 하는 등 공부에 대한 열의를 보였다. 이에 반석평의 재능이 대단하다는 것을 눈치 챈 주인은 그의 노비 문서를 불태우고 어느 돈 없는 양반 집안의 양자로 들어갈 수 있도록 주선해주었다. 그렇게 반석평은 양반 신분을 얻게 되고 1507년 과거에 급제하여 후에 형조판서에 오르게 되었단다.

어느 날 반석평은 길을 가다가 자신의 노비신분을 없애준 주인의 아들을 만나게 되었다. 그런데 그동안 주인집이 몰락하여 주인집 아들인 이오성은 참으로 가난하게 살아가고 있었다. 그를 본 반석평은 곧바로 수레에서 내려 이오성에게 깍듯하게 절을 하고 중종에게 자신의 신분을 밝혔다. 그리고 이오성에게 벼슬을 내려줄 것을 청했다. 그런 이를 기특하게 여긴 조정에서는 반석평의 원래 신분이 밝혀졌음에도 불구하고 반석평의 지위를 유지함과 동시에 이오성에까지 벼슬을 내려주었다. 그렇게 노비 신분에서 재상의 자리까지 오른 반석평, 후에 그는 종1품 좌찬성에까지 오르게 되었단다.

그런 그의 직계 후손이 바로 '반기문 UN 사무총장'이다.

가정에는 가장이, 사회에는 어른이, 나라에는 대통령이 있다. 제대로 된 가정에서 자식이 부모 앞에서 눈을 부라리고 큰소리치면 그 집구석 끝났다고 말하듯이 사회 질서가 무너지고 기강이 해이해지면 마을에는 이장이, 사회에는 덕망 높은 어른이 훈계를 하면 다소곳이 조용해지면서 사죄하고 화합하는 것이 우리 민족의 미풍양속이었고 전래되는 풍습이었다.

그런데 언제부터 정치권이 덕담의 정치, 큰 정치, 대화와 타협의 정치는 사라지고 나 아니면 안 된다, 내가 해야 한다, 우리 편이 아니면 무조건 賊이라며 사생결단을 내기 위해 혈안이 되고야 마는 현실이 되어버렸다. 아울러 점잖고 법 없이도 살 사람 소리를 듣거나 법질서를 잘 지키고 사회의 모범이 되는 사람은 바보가 되고 먹고 살기가 힘든 세상이 되었다. 그 때문인가? 역으로 적당하게 법을 무시하고 때에 따라 범법 행위도 해가면서 적당하게 타협하며 주먹질도 좀 하고 사기도 좀 치면 똑똑한 사람으로 인정받아 사람들에 무시당하지 않고 등 따시고 배부른 세상이 되었다.

이에 지방선거가 끝난 뒷자리를 둘러보자. 이번 선거야말로 박빙의 승부였던 만큼 수장(首長)이 바뀐 자치단체 물갈이란 능력 있는 인물을 발탁함으로써 조직에 활력을 불어넣고, 개혁과 변화를 이루는 것은 지역민의 뜻이기도 하다. 하지만, 선거를 빌미로 보복·또는 보은인사는 조직은 물론 지역발전에 저해가 될뿐더러 이는 공직자의 줄서기를 강요하는 악순환을 낳게 된다. 따라서 단체장은 취임과 동시에 과거의 전철을 밟지 않는, 능력과 화합을 중시한 인사를 해야 함은 물론 일보다 줄서기에 능한 공직자는 과감하게 도태시켜야 할 것이다. 집을 짓는데 완성된 집에 기왓장 한 장 올려두고 집 한 채 다 지은 양 공을 다 가지려는 인물들, 비단 공직자들만 줄을 서는 것은 결코 아니다.

우리가 주권을 행사한 것은 평등한 군민의 책임과 의무였다. 한 표의 투표권에 마치 열 표쯤 행사 한 것처럼 가슴 벌리고 목에 힘 주어가며 완장 차지하려는 일부 소인배들의 작태에 지도자가 아닌 이웃이 된 우리 모두가 지켜보고 지도자의 뜻을 차분히 기다려보는 것 또한 군민의 도리일 것이다. 미리 말을 만들어 사회를 혼란하고 민심을 왜곡하려는 것은 참 정치인들은 하지 않는다. 그리고 진정한 정도의 언론인도 하지 않는다. 결국 지도자도 언론도 아닌 민심이 스스로 줄서기를 하면서 누워서 침을 뱉는 격이 되기도 하느니만큼 그 폐해는 고스란히 내 고장에 돌아간다는 사실을 놓쳐선 안 된다. 지역의 공공 조직은 오로지 내 고장 삶의 질 향상이라는 생활자치의 본령을 잊어서는 안 된다. 특정인에 줄을 세우고 끼리끼리 이득을 취하는 행태야말로 그 뿌리부터 아예 발본색원해야 마땅할 것이다.

사람은 누구에게나
한겨울 동태 알처럼
정의로운 욕망 하나 쯤 박혀있답니다

세상에는 어디에나
조용한 보통사람이 있어
공연히 큰소리 빵빵 쳐대는 날선 자들을
심판하고 있답니다

〈

잘났거나 빛났다하여 목청 높여 소리질러대면
엉키거나 거꾸러지지 않겠습니까
발꿈치 높여 키 재고
개목걸이 옭아맨 가면으로 명함 뿌려대며
희번지레 까불지 마세요

세상 명예 월계관 머물 때도 있지만
쉬이 지나갈 때도 있답니다

# 제안합니다

작은 거짓말쟁이는 한 사람을 속인다.
중간 거짓말쟁이는 많은 사람을 속인다.
큰 거짓말쟁이는 나라를 속인다.
그러나 세월을 속일 수는 없다.
- 에이브러햄 링컨

"피해 입지 않은 자가 피해 입은 자와 똑같이 분노할 때 민주주의는 정의로워진다." 고대 그리스 시인 솔로모스의 말이다. 플라톤은 "정의가 없는 권력은 강도 집단이다."라고 했다. 이처럼 구차하게 서두를 열어가는 데에는 이유가 있다. 6.4지방선거가 끝났다. 혈을 품고 겨누던 경쟁에서 이제 승자와 패자의 싸움이 끝났다. 분명 유권자들은 후회하지 않을 똑똑한 선택을 했으리라 믿는다.

우리는 언필칭 "산업화와 민주화를 동시에 압축적으로 성취한 나라"라고 자부한다. 그런데 실상은 어떤가? 민주주의의 근간인 선거가 뿌리부터 흔들려왔다. 흔들지 않아도 흔들리는 선거, 그것은 권력자의 고집불통은 여전했으며 소통과 국민통합은 후보자 시절 공약에 불과할 뿐 간극은 더욱 벌어져 왔다.

지난 세월호 침몰은 구조화된 부패의 인재였으며 304명(실종자 5명 포함)이나 구조하지 못하고 사망한 것은 분명 무능, 무력한 관제였다. 전통적으로 우리나라의 위정자들은 권력만 행사했지 책임과 도덕성은 외면했던 것이 결코 어제 오늘의 일만은 아니다. 그러기에 '도망자가 세월호 선장뿐만이 아니었다.'라는 것이다.

조선시대 선조는 왜군이 쳐들어오자 한양을 버리고 의주로 도망을 쳤다. 이를 지켜본 백성들이 몰려가 임금의 거처였던 경복궁을 불살랐다고 한다. 훗날 인조는 병자호란이 일어나자 가족은 강화도로 피난 보내고 자신도 뒤따르려다 결국 항복하는 수모를 당했던 사건들은 우리가 익히 잘 알고 있는 역사속의 사실이다. 그런가하면 6.25전쟁이 터지자 이승만 대통령은 "서울시민은 안심하라."는 녹음 방송을 틀어놓고 서울역에 대기한 기차로 남쪽으로 도망을 갔다. 서울을 떠난 30분 후 한강철교를 폭파시켜 600여명을 수장시키고 서울 시민들의 피난길을 막았던 것이다. 국난이 닥치면 가장 먼저 도망을 치고 외세에는 제일 먼저 추파를 던지면서 부와 권력을 세습해온 소수 재벌과 기득세력의 호사는 여전히 오늘날까지 이어져 오고 있는 셈이다.

산업역군인 노동자들과 천하지대본이라던 농민들은 천덕꾸러기가 되어버린 현실에서 우리가 살아가고 있는 것이다. 조선시대 철학자 성호 이익은 "역사를 쓸 때는 착한 일을 드러내더라도 악한 것을 감추어서는 안 되며, 권선만하고 징악을 하지 않는다면 마치 새의 날개 하나를 떨어뜨리고 수레바퀴 하나를 빠뜨리는 것과 같다."고 했다.

민주주의의 근간이 흔들렸는데도 민주주의 국가임을 자부하는 것은 무지인지 망각인지 모르겠다. 그래서 제안한다. 똑똑한 군민이 되어 이제라도 준비하고 이번 6.4지방선거에서 승자가 된 위정자들은 과거의 청산에만 의미를 둘 것이 아니라 건강한 미래를 위한 작업을 착수해야 한다. 민주주의를 짓밟고도 심판받지 않고 권력과 부만 가지면 이것이 재생산되는 악순환을 더 이상 방치해서는 안 될 것이다.

우리는 언론에 대한 상식을 반듯하게 가져야 한다. 언론인들이 궐기를 하고 더 이상 청와대의 나팔수가 되기를 거부하면서 공영방송의 자율성 회복에 나선만큼 유권자와 당선자간의 협력매체 그리고 정당한 희망이 될 수 있는 언론까지 공권력으로 지배하려는 것은 그야말로 정의가 실종된 위험한 처사가 아닌가? 공약사항을 내걸고 고개 숙이며 약속했던 그 자세 그 마음으로 군민의 가까이에 상주하기 바란다.

"99 대 1"의 빈부격차 현상이란 물심양면으로 군민의 위기증세를 집약한다. 군민이 주인이면 이번 6.4지방선거에서 승리하여 군정을 맡게 될 위정자를 포함한 공무원은 머슴이다. 머슴이 주인 행세를 하고 군민을 보호해야 하는 공권력이 엉뚱하게 사유화된다면 용서하기 어렵지 않겠는가?

순백 아스라이 번지는
아침이 오던 날

아늑한 우리들의 품안에서
님의 더운 체온 깍지 껴 보듬고
다시 살구어 엉키는 잉걸불
매웁고 서러운 채
환희로 머물러 벙글거리고 있습니다

청남 색깔 더욱 맑은 천지
피지 못한 꽃들은
떨어질 때 울지 않았습니다
다만
꽃 떨어진 자리에서
우리들이 울고 있습니다

님으로 인하여 빛나고 있는
진혼의 유월
영령들이시여
평안하소서!

# 준비된 정치인 준비된 유권자

정치란 누구나 아는 바와 같이 관계의 스포츠다.
- 버락 오바마

풀이 많이 자라고 나뭇잎이 무성해져 그늘이 많은 오월에는 시끄럽지 않게 만발한 찔레나 아카시아로 논두렁까지도 화려하다. 여름이 올 채비를 다 했는지 요즘에는 살짝 비만 내려도 바람까지 동반하여 예사롭지 않음을 예감케 한다. 그런가하면 풀냄새나 하늘냄새가 사람에게까지 깊게 베어 누구나 시인이 되어버린 오월 요즘, 수상한 바람까지 오며 가며 가끔 만나게 된다.

그것은 2014년 6월 4일 지자체 선거를 앞두고 준비된 정치참여자들의 예사롭지 않은 행보에 반가운 악수를 청하며 유권자들의 손을 흔들고 있다. 정치참여를 준비하는 사람들의 냄새가 아직 화려하지 않게 풍기고 있다는 것이다. 우리는 지방자치를 풀뿌리 민주주의라고 한다. 그것은 권력의 중앙 집중을 억제할 뿐만 아니라 지역주민이 시책을 만들고 실행하는데 참여하고 지역의 특수한 사정을 살리면서 주민 합의를 끌어내어 자신들의 판단과 책임으로 지역의 공공적 문제를 해결 처리하는 제도이기 때문이다.

지방자치는 지역이고 현장이다. 그로 미루어볼 때 이제는 딱딱하고 무거웠던 정치가 좀 더 친근해졌다. 하지만 정치에 대한 내용과 기초단체의원에서부터 국회의원, 대통령에 이르기까지 선거 기간 동안의 과정을 살펴보면 정치는 한편의 막장드라마를 보는 듯하다. 선거철 내내 각 후보자는 철저하게 계산적이고 계획적이며 폭로적이다. 선거철만 되면 각 후보들은 각종 루머와 소문에 시달리다가도 그 기간이 끝나고 당선자가 확정되면 이러한 소문들은 온데간데없이 사라지고 당선자만 그 역할을 수행해나가면 되는 것이 아니던가. 그런데 이것이 문제라면 우리나라의 선거문화에 있다.

그동안 우리는 국민의 권리를 행사하는 방법은 투표장에 직접 가서 투표를 하는 일뿐이라고 여겨왔다. 하지만 이제는 우리가 그러한 의식을 바꿔야 한다. 우리는 평상시에도 정치인들이 어떤 생각을 가지고 주민 또는 국민을 대표하여 일을 하는지 관심을 기울여야 한다. 선거철만 되면 인터넷과 신문 보도 매체에 정치인들이 무슨 일을 했는지에 대해서 수많은 보도 자료가 나온다.

왜 꼭 선거철이여야만 하는가? 이제는 우리 유권자들이 바로 식는 냄비가 아니라 뚝배기가 되어야 한다. 올바른 지도자를 볼 수 있는 안목과 정치에 대한 관심 그리고 후보자의 자질과 능력을 판단하는 올바른 원칙과 기준에 대하여 숙지하여 준비된 유권자가 되어야 한다. 그래야만 정치인들도 똑똑한 유권자들 앞에서 겁을 먹고 막장 드라마를 연출하는데 앞서지 않을 것이며 본인의 능력과 정치인으로서의 자질을 개발하는데 힘쓸 것이다. 지방선거에서는 지역개발 공약도 좋지만 지역과 지역민을 소중하게 보는 인물의 출현이 절실하다.

저 산꼭대기에 흐드러진 아카시아에서부터 논두렁에 핀 땅찔레꽃이 소리 없이 화려하게 제 몫을 다하고 있다. 이 아름다운 자연과 같이 선거기간에 내 편이었거나 상대편이었거나 편애와 보복이 아닌 함께 사는 사람의 향기를 진심으로 사랑하는 마음이 밑바탕이 되어 지역을 아우를 수 있는 큰 폭을 가진 정치인의 아름다운 리더십이 절실히 요구되므로 우리 유권자들의 지속적인 준비가 필요하리라 생각되어진다.

하늘에 뜬구름이
샛강에 얼굴을 묻어
고요한 가락이 되고

눈부시게 총총히 박힌 별빛
산도랑에 내려앉아
정다운 리듬이 되는가 하면

이는 바람에 흔들리는 산자락
호수에 담겨
그지없이 아름다우니

품어서 넉넉하지 않은 것
어디 있으랴

# 헛것이 더 선명하다

"작진실을 말할 용기 없는 자들이 거짓말을 한다
- J. 밀러

우리들의 일생은 아침이면 눈을 뜨고 비바람이 불고, 낙엽이 지는 거리에서 서로 다투고 사랑하는 일까지 아주 사소한 것들의 연속이다. 그러나 번번이 약속을 지키지 않고 안전거리를 무시하고 아침부터 기진맥진하는 사소한 부주의나, 바람처럼 스쳐버리는 아주 작은 일들이 결정적인 날이 오면 그것이 구름이 되고, 천둥이 되고, 비가 되어 슬픔의 뿌리가 된다는 것을 감지하지 못하고 살아가는 경우가 바로 우리들의 일상이다,

펄벅의 소설 『살아있는 갈대』 첫 머리에 '한국은 고상한 사람들이 사는 보석 같은 나라'라고 표현하고 있다. 아마도 역경 속에서도 아주 사소함까지도 희망의 끈을 놓지 않고 끈질기게 헤쳐나가는 한민족의 유전자를 올곧게 표현했지 싶다. 거기다 자원부족국가에서 오직 사람의 창의성 하나로 세계 제11위의 경제대국으로 우뚝 선 우리나라는 경제 위기의 파고를 잘도 넘어온 셈이다.

그러나 경제만 발전하면 행복하게 된다는 이론은 이미 그 가치를 잃은 지 오래다. 경제가 발전하면 발전할수록 빈부의 차이는 심해지고, 어두운 면은 더 많아지며, 대다수 국민들은 행복보다는 좌절을 더 느끼게 된다. 지난해 매일경제신문이 리서치 전문 업체 엠브

레인과 공동으로 조사하여 발표한 국민인식조사결과는 예전과 달라진 변화상을 고스란히 보여주고 있다.

'최우선 국가목표를 무엇이라고 생각하느냐?'는 질문에 응답자 과반수이상이 '삶의 질 개선'을 꼽았다. 문제는 우리의 삶의 질이 아직도 바닥이라는 점이다. 양극화의 심화, 빈곤층 확대, 청년실업 확대, 민생과 동떨어진 보수 대 진보의 이념 대결, 정치놀음에 환멸을 느끼는 서민과 젊은 층 사이에서 대한민국은 변해야 된다는 목소리가 커지고 있는 것, 그러한 요소들이 한국인의 생각과 마음가짐을 통째로 바꾸어 놓은 것이다.

올해는 대선과 총선이 있어 나라의 운명을 또다시 개선하고 바꿔보아야 한다는 의지가 담긴 특별한 해이니만큼 우리 기성정치인들이 깊게 주목해야 할 부분이다. 선거가 치러질 해가 밝아오면서 골목마다 공해처럼 둥둥 떠다니던 그 목소리, 그 약속, 핏대 세우고 한 표를 향해 목숨 거는 그 모습들이 이 나라 국회에서부터 벌써 시작되었다. 권력의 정상에서도 부족함을 느껴 무엇인가에 갈증을 느끼는 이 나라 정치인들이 아니었던가, 선거운동 때마다 <사랑하는 국민 여러분!>을 부르고 시작한 연설에 과연 사랑을 느끼며 연설을 듣는 국민이 몇이나 되더란 말인가, 요즘 정치는 모두 포퓰리즘에 빠져있다.

인기 영합, 표 한 표라면 무슨 거짓말도 할 수 있는 것이 요즘 정치인들이라는 느낌이 들 정도이니 말이다. 표 하나에 목숨 걸어 거짓말을 해놓고서, 선거 한 번 끝나고 나면 엄청난 후폭풍의 부담을 국민들이 하지 않으면 안 되는 것이 이 나라의 현실이다. 박새 한마리가 후박나무에 바글거리는 먹이를 찾아 왔다가 사람의 인기

척에 놀라 유리창에 얼비친 하늘을 보고 날다가 부리에 피를 문 채 퍼드덕 떨어지는 것, 원래 실상보다 헛것은 더 선명한 법이다. 뒤죽박죽인 줄을 뻔히 알면서도 한 고개 한 고개 두루뭉술하게 넘어가서는 안 되는 큰일을 우리는 숙제로 남겨져있음을 절실히 감지해야 할 때이다.

국가의 서열, 국민의 행복, 인간의 행복지수는 물질적인 잣대가 아닌 정신적, 문화적, 종교적 가치에서 도출되어야 한다. 정치인들의 한 표를 위해 부르짖는 경제논리가 어느 순간부터인지 국민들은 관심을 놓아버리고 싶어질 만큼 사소한 이야기가 되어버렸다. 어느 때 국민 개개인에게 구름이 되고 천둥이 되어 돌아올지 모르는 중요하고 대단한 정치이야기, 즉 나랏일이 그래왔으니 또 그럴 것으로 치부되는 사소한 이야기가 되어있다는 말이다.

그러나 정치인들의 사소한 일상까지 반영하여 선택의 책임을 완수해야하는 온 국민의 의지가 공정한 사회, 깨끗한 공직사회를 구현하고 빈부의 격차를 줄이며 오순도순 서로 배려하는 세상을 탄생시킬 수 있다는 것이다. 지구촌 사람들은 지금 우리와 달리 행복을 이야기하고 있다. 옛날 동화 같은 이야기라고 치부하기에는 그러한 행복에의 접근은 우리에게 너무 절실하다. 이제 우리도 국가행복지수의 철학과 이념을 강력히 추구하는 위정자들이 필요할 때다. 사실 뉴욕이 어떻고 맨해튼이 어떻다고 해도 나의가족 나의 친구들이 살고 있는 내 고국, 내 고향이 천국인 것이 아니던가.

많이 깨끗해졌다고는 하지만 아직 사회가 불공정하고 부패가 만연하고 있는 이때 정치인들의 사소함까지도 차근차근 관찰하여 선거의 꽃을 피워내는, 희망의 끈을 놓지 않고 끈질기게 헤쳐 나가는,

바로 우리들의 의지가 절실히 요구되는 때라 여겨진다.

광복절 날
시인들이 모여앉아
무궁화를 쓰거나
조국과 선조에게
감사의 편지는 쓰지 않는다

숨이 턱 막히는 팔월 햇볕을
황홀하다고 쓰고
홍수가 밀고 간 안부를 나누어
품어 보고 싶다고 쓴다

시인들은
시를 쓴다는 것은
미친 짓이라는 것을 뻔히 알면서도
이 나라 발 뿌리의 늙은 가지 꽃을
빼근한 가슴으로 쓰고 있는 것이다

# 제2부 행복을 흔드는 여자

# 부모의 고독은 자식의 걱정과는 무관하다

우리는 모두 한데 모여 북적대며 살고 있다.
그러나 우리는 너무나 고독해서 죽어가고 있다.
- 슈바이처

사람에게는 세 가지 거짓말이 있다고 한다. '처녀가 시집가지 않겠다.'는 말과, '장사꾼이 밑지고 판다.'는 말 그리고 '노인이 빨리 죽고 싶다.'고 하는 말이 그것이다. 입으로는 죽어야지 하지만 막상 죽음이 임박하면 어떻게 해서라도 살고 싶은 것이 사람의 마음이기 때문이다. 죽음은 그만큼 멀리하기도, 가까이하기도 어려운 문제다.

회자정리(會者定離)라 했던가? 인생은 태어났으니 반드시 돌아가는 것은 당연한 이치임에도 누구나 나에게만은 죽음이 가급적 늦게, 멀리 있기를 바라는 마음은 간절하다. 돌아갈 그곳이 두려워 불안하기도 하거니와, 고된 인생살이지만 그래도 이승이 좋아 떠나기 싫어하는 복잡 미묘한 심정을 나타내는 것이 죽음인 것 같다. 그런데 가끔 젊은이들이 모여 웃자니 웃을 수 없는 노부모님에 대한 이야기를 한다. "내가 너무 오래 살았다. 얼른 죽어야 할 텐데……." 라고 하시면서도 어디 조금만 불편하면 스스로 병원부터 달려가시니 그것이 다 거짓말이라는 것이다.

하지만 젊거나 늙거나 몸뚱이 어느 한 곳이 불편하면 병원으로 달려가는 이유가 오래 살고 싶어서는 아니다. 단박에 불편하고 아픔을 견딜 수 없는 까닭에서이니, 어쩌면 죽고 싶은 마음이 때로는 진심일 때도 있을 것이라는 것이다.

며칠 전 어르신들끼리 나눈 이야기를 우연히 듣게 된 이야기가 있다. "요즘 서방님 건강은 어때?" "워낙 몸이 약해서 걱정이지?" 아마도 70이 훨씬 넘어 보이는 어르신끼리 나눈 이야기를 곁에서 듣자하니 몸이 약해서 걱정하시는 할머니의 서방님 연세가 궁금했다. "어머니, 서방님 연세가 어찌 되셨어요?"라고 했더니 74세란다. 그 정도면 건강하신 몸이라도 아픈 곳이 많아질 연세구만 몸이 약해서 걱정이라니 어머니라서 자식 걱정이며 아내라서 남편걱정 하는 것이 천상여자의 몫인가 보다. 누구나 퇴직하면 생활공간이 좁아지는 것이 현실이지만 특히 남자들은 더 심한 것 같다.

그뿐인가 요즘은 홀로 된 70대 남자가 가장 살기 힘들다고 한다. 아무리 아옹다옹하고 살아도 늙으면 싸우는 재미로 산다하지 않던가? 싸울 상대가 없을 때 그때부터 불행한 것이니 아침에 만난 할머니의 서방님 걱정 또한 그리 멀지 않은 우리의 현실임을 알겠다.

한 이삼일 전부터 남편의 건강이 좋아 보이지 않다. 감기인 듯한데 기침을 힘들게 하면서도 병원 찾을 생각을 하지 않는다. 출근 때 병원 다녀오시라는 당부까지 하고 나왔다. 그것은 이제는 어디가 불편하다 싶으면 회복도 늦어지거니와 혹여 아이들이 알아 그들의 걱정거리라도 될까 염려되는 것이다. 누구나 아프고 불편하면 우선 고독해진다. 부모의 고독은 자식의 걱정과는 무관한 것이기에 오래 살고 싶은 삶에 대한 욕심보다 앞서 고통과 고독에서 그리고 다른 삶에게 짐이 되지 않기 위하여 실 같은 몸살기에도 스스로 의료기관을 찾을 수 있을 때 치료하고 관리해야 옳을 일이다. 우리는 몸이 건강할 때도 고독을 피하기 위하여 사람들 속으로 들어간다.

외로움과 고독함은 분명 사람으로 하여금 느끼는 감정임에도 불구하고 우리는 외로워지고 고독함을 느낄 때면 다시 사람들 속으로 들어가는 것이다. 그러고 보면 나는 외롭거나 고독할 때 누구도 붙잡지 않고 그저 혼자서 묵묵히 견디었던 것이 참 잘했다는 생각이 든다. 그 덕에 몸으로 아픔이 있거나 마음으로 고독함을 느낄 때 비로소 그 시간에는 온전한 나를 바라볼 수 있는 여유로움까지 갖게 된다. 사람으로 인하여 느끼는 고독은 소외로 인한 외로움일지도 모를 일이기에 어쩌면 내게 고독은 나를 성장시켰다는 생각이 든다. 마음도 없이 이어지는 인간관계에서 오는 서글픔인지도 모르는 고독을 즐기기를 좋아한다. 지난 일곱 번째 나의 작품집 『바람꽃 편지』를 상재했을 때 "자급자족하는 시인"이라고 작가소개를 맡아하신 분의 말씀이 요즘 들어 참 기분 좋게 다가온다.

나는 사람에 대한 기대가 없다. 스스로 만들어 초대해온 고독과 사람에게 받은 실망으로 다가오는 고독은 많이 다르다고 생각한다. 세상을 살아가는데 혼자가 아닐 수는 없지만 함께 사는 이웃의 고독에게 나로 인하여 상대가 고독해지는 일은 없어야 할 것이며 늙음으로 인하여 훈련되지 않은 고독에 시달리지 않아야 한다는 생각이다.

삶이란 것이
눈물 흘리다가 닦고
견디다가 이루고
그립다가 사랑하는 사이에

데면데면 꿈길처럼
아득해지는 것

누구나
바람처럼
가볍게 깨끗하게
남김 없는 것이 심지가 되어
남는 것.

이 세상
마지막의 순간을 만났을 때
누군가 찾아내야 할
헝클어진 일이거나
누구에게라도 숨겨야 할
비밀 하나 흘리지 않아야 할

다시 돌아올 수 없는 자리거나
다시 만날 수 없는 이에게
끝끝내 당당하게 살아 내는 것

그래
남김없이 사는 것이
남는 것이리라

# 삶, 선물을 풀어보듯

세상을 자신의 몸처럼 사랑하는 사람에게는 제국을 맡길 수 있다.
- 노자

아침부터 휴대폰 알림음이 소란스럽다. 직장에서 연휴로만 여기다가 문득 지나칠 뻔한 성탄절이다. 얼마 전 순천에 계시는 지인께서 자동차를 차병원에 입원시키고 택시를 탈까 하다 주머니에 있는 동전이 생각나 버스를 탔단다. 그런데 버스요금을 몰라 함께 버스를 기다리는 사람에게 차비를 물어보았다며, 버스비를 몸으로 배웠다는 아침일기를 보내왔다.

문득 어릴 적에 버스요금과 담뱃값 모르면 간첩이라 했던 생각이 난다. 그뿐인가? 요즘은 손 글씨로 편지하는 사람이 드물어서 우표 한 장에 얼마인지조차 모르고 사는 형편이다. 그도 그럴 것이 돈 한 푼 안 드는 카톡으로도 알림장을 대신하는 것은 물론이거니와 기쁨과 슬픔을 공유할 수 있는 글을 주고받는 참으로 편리한 세상이다. 나도 성탄절이 함께하는 긴 연휴동안의 안부를 늦은 오후시간 쯤에서야 여기저기 지인들께 메시지로 전송한다.

크리스마스라 하여 덕담과 용서
그리고
사랑이라는 오늘

어떻게 지내고 계신가요

때로는
사람이 사람을 미워하면서
스스로 외롭고 괴로웠던 날들

때로는
처음처럼 세상을 바라보며
서로가 행복했던 날들

그렇게
미워하며 사랑하며 남긴
세월의 흔적입니다

새해
눈을 떠서 세상을 처음 바라보는 아이처럼
새 빛으로 돋아날 새 날들을
하나씩 하나씩 선물처럼 풀어가기로 해요, 우리

그랬다. 아무리 마음을 둥글려도 누군가를 향해 내 마음에서 자라나는 미움 한 자락은 있었다. 그래서 50대는 마음실력이 아니라 몸실력으로 살아야 할 것 같다. 마음은 쓰지 말고 마음을 떨쳐버리고 몸으로 일어나서 살아야 단순하면서도 건강하게 살아가는 방법일 것 같다. 이제는 열정과 꿈으로 버티는 인생보다 몸으로 이겨내고 살아내야 한다는 생각이다. 그래야만 고르게 살 수 있을 것이다.

100세 시대에 살면서 이제 겨우 반세기 살아 회춘이라는 말을 거론하기는 민망한 일이지만 회춘이란 균형을 잡아가는 것, 많을수록 좋은 것이 아니라 부족한 부분을 채우고 넘치는 부분은 둥글려 감해가면서 균형을 잡아가는 삶이라야 노년에 중년을 여유롭게 뒤돌아볼 수 있는 아름다움이지 않겠던가 말이다. 올봄 아들이 차를 사주겠다고 했는데, 연말이면 더 저렴하다는 핑계를 들어 거절했었다. 이에 아들은 "연말은 해마다 있는 것"이라며 나의 거절이유를 수긍하지 못했다.

그렇다. 연말은 해마다 있다. 그러함에도 불구하고 연말이면 늘 처음인 듯 아쉽고 새롭다. 사실은 일상에 크나큰 일을 처리하지 못한 아쉬움보다 사람과의 관계에서 사랑할 수 없었음과 미워했음에 아쉽고 새해를 맞이할 때보다는 연말에 새로운 각오와 다짐을 더 하는 것이다. 일상에서 해야 할 일들은 계획하고 노력하여 실천하면 노력한 만큼 이루어낼 수 있거나 형편이 허락지 않아 다음 해로 미룰 수도 있다지만 사람관계에서 잘 살기란 참으로 어려운 것이다. 상대에게 편하고 가깝다하여 뻔한 사람이 되다보면 그 관계는 정말 뻔한 관계가 되어버리는 것이 되므로 조금은 궁금한 사람이 되어야 하고 그 안에서 소통과 공감이 잘 되어지는 관계를 유지해간다는 것이 쉬울 것 같지만 어려운 인생살이다.

소통에는 여러 가지 방법이 있어 대화만이 능사가 아니다. 대화 즉 말로 깨지는 인연도 많기 때문이다. 귀명창이라 하지 않았던가? 들어주고 인정해주는 느낌과 아울러 의미를 헤아려 알아주어야 한다는 것이다. 귀명창이 된다면 생판 모르는 사람과의 대화에서도 소통이 성사될 수 있는 것이다. 생각해보면 대화해야 할 사람과 대화하지 못하거나 나를 알아보아 주어야 할 사람이 알아주지 못하며 내가 끊어 내야 할 사람을 끊어 내지 못했을 때 스스로의 몸에 크고 작은 병이 생기곤 했었다. 미워하는 마음만큼 사랑하는 마음 또한 절실하며 사랑하는 마음만큼 미워하지 않아야 할 마음이 절실하기에 또 한 번 마음을 토닥여 본다. 새해 새날에는 하루하루를 선물을 풀어보는 듯한 기쁨으로 살아가리라고.

# 네 등짝에게 물어봐

사람은 남을 칭찬함으로써 자기가 낮아지는 것이 아니다.
도리어 자기를 상대방과 같은 위치에 놓는 것이 된다.
- 괴테

아침에 나와 보면 이제는 제법 자동차 유리가 얼어있을 만큼 날씨가 추워졌다. 그러나 시오리길 걸어서 학교에 다니던 시절 떠올려보면 춥다는 말 쉽게 입에 올리지 못하겠다. 읍내 초입에 덩그러니 서서 밤새 반짝이던 트리가 쉬어야 할 시간, 양지 햇살로 사람들 모이는 아침이 희망이다.

수능은 끝났으나 간간히 버스를 기다리는 학생들의 무거운 어깨마저도 희망일 수 있는 아침시간에 버스정류장에서 하소연하는 후배를 만났다. 누군가를 굳게 믿었다가 원인도 모를 배신을 당하고 그래도 마음으로부터 관계를 접지 않고 기다렸더니 스스로 다가왔다가 또다시 등을 돌렸다는데, 요즘 다시 손을 내미는 상황을 어떻게 받아들여야 할지를 망설이고 있다는 고민을 이야기한 것이다.

우리 사는 이야기가 다 그렇다. 삼한사온 같은 것이 우리 사는 세상, 인생 아니던가. 사람으로 하여 행복했다가 사람으로 하여 지치고 불행해지기도 하는 것이다. 그런데 성향이 어쩔 수 없는 사람으로 하여금 내가 아프거나 하염없이 상처받을 필요는 없을 것 같다. 내가 아닌 누구라도 그 사람의 부족한 부분을 보듬어 이해하고 안아준다 하더라도 배신이거나 험담을 깨달음과 느낌 없이 일상처럼 하는 사람은 나 아닌 그 누군가에게도 언제든지 아프게 할 수 있는 것이다. 나이 들어가면서 그것이 깨달아진다.

함께 따지고 맞서서 타이르기보다는 슬쩍 피해 사는 지혜가 생기더라는 것이다. 사람이 누구에겐가 함부로 하는 사람은 당하는 사람이 부족하거나 함부로 해도 되는 사람이어서가 아니라 하는 사람의 인품이 그뿐이어서 누구에게나 함부로 할 수 있는 사람이라는 것도 깨달아본다. 나는 아무리 생각해도 순하다. 가장 강한 사람은 누구와도 다투지 않는 사람이라 했듯이 천성이 다투지를 못하는 순해터진 성격이라 나를 보호하기 위해서는 스스로 조심스레 피해오는 것이 현명하리라.

입이 없어도 할 말을 하고 눈이 없어도 방향을 잃지 않음이라 했다. 모난 것에도 긁히지 않고 부드러운 것에도 머물지 않는 나만의 살아가는 방법하나를 터득한 셈이다. 가끔 사우나에서 등을 밀어주겠다는 친절한 한 어머니를 가끔 만난다. 괜찮다는데도 손이 닫지 않은 곳이니 밀어주시겠단다. 역시 손길이 닿는 순간 시원해서 참 좋다. 나는 내가 볼 수 없는 내 등짝에게 항상 미안한 생각을 한다. 얼굴 마사지는 날마다 하면서도 등짝 한 번을 내 손으로 매만져주지 못했다.

목숨 다하는 날까지 내가 짊어진 내 등짝을 단 한 번도 바라볼 수도 없을뿐더러 생색내고 인사치레는 안면으로 하면서 잘못 처신했을 때의 손가락질은 내 등짝과 뒤통수가 오롯이 받고 있기 때문이다. 그런가하면 우리의 안면에는 하나의 비밀이 있다, 입과 눈 귀 사이의 위치가 그 비밀을 푸는 열쇠다. 눈과 귀가 입보다 높은 곳에 위치해있는 것은 말부터 먼저 하지 말고 자세히 보고 듣고 난 후에야 말을 하라는 의미란다. 말이란 대개 먼저 하는 사람이 지게 마련이다.

한때 젊은이들 사이에서 유행하던 우스갯소리 중 '정신병자 시리즈'에는 이런 얘기도 있다. 정신병원에 입원해있던 한 환자가 '나는 예수다.'라고 소리쳤다 그러자 옆에 있던 다른 환자가 '나는 너 같은 아들을 둔 적이 없다.'고 말했다고 한다. 특정 종교를 희화화하기 위한 의도 없는 우스갯소리에 불과하지만 누가 말을 먼저 하느냐에 따라 논쟁의 우열과 승패가 갈라진다는 것을 나타내는 이야기일 것이다.

그래서 누구라도 "욕 안 먹고 산다."고 자신 있게 하는 말은 참으로 경솔한 말이라 여겨진다. 본인이 볼 수 없는 등짝에게 물어보아야 할 일이다. 삶에 정답은 없어도 명답은 있다고 했다. 삶은 사랑이 있는 고생이듯이 의도적으로 피해 살든지 자신도 모르게 욕먹을 일을 하고 살더라도 우리함께 살아가는 이웃에게 사랑하나쯤은 진실했으면 참 좋겠다.

토닥토닥
양철지붕에 떨어지는 빗소리에
노곤했던 마음에 여유가 생기는가하면
똑똑똑
장독대에 떨어지는 빗소리에
고운 감성에 젖는 추억이 살아나고
사각사각
초가지붕 위에 내려앉은 빗소리에

상처 깊은 마음까지 위로가 되어주는
그 빗소리가
빗방울 끼리 우… 하니 부딪히는 소리에
문득 겁이 나고 무섭다

아무리 아름답다한들
사람과 사람이 부딪히는 일 또한
참으로 위험한 일이다

# 꾸중도 못 하는 여자

겸손이란 자기 자신을 낮추는 것이 아니라
자신을 덜 생각하고 남을 더 생각하는 것이다.
겸손 없이 다른 사람들을 이끌고 격려하는 것은 불가능하다.
- 릭 워렌

오늘 나는 함께 근무하는 직원에게 처음으로 굳은 인상으로 나무랐다. 있어야 할 시간에 있어야 할 자리를 아무 말 없이 한참을 비웠기 때문이다. 그런데 무슨 일이 일어났는지 모르고 태산만한 걱정을 하고 있을 때, 그녀가 국화 한 뭉치를 품에 안고 들어오는 것이 아닌가? 뿐만 아니라 직원은 그 가을국화를 내 책상 위에 올려둔다.

국향이 사무실 안에 가득하다. 꽃을 수반이나 화환에 예술처럼 꽃꽂이를 해둔 모양을 보면 신선하고 감탄스럽지만, 꽃나무가 자란 그 자리에 꽃잎이 시들고 지는 날까지 지키고 있는 모습이 훨씬 아름답다는 생각에 내심 좋은 것만은 아니었음이 내 솔직한 마음이었다.

내가 전임지에 근무할 때 교장선생님께서 하시던 말씀이 생각난다. "젊었을 때에는 지나다가도 예쁜 꽃을 보면 욕심껏 꺾어 내 집 화장대에 올려두고 나만 보고 싶었는데 나이 들어 늙어가니 저 홀로 피는 꽃 그 자리에 저 홀로 질 때까지 오며가며 여러 사람이 함께 볼 수 있었으면 좋겠다."는 말씀을 하셨다. 꽃 한 송이 피었다 지는 모습에서도 사람 각각의 마음과 세대별 생각이 이토록 다름을 느낀다.

"청춘이란 인생의 어떤 한 시기가 아니라 마음이다."라는 맞는 것 같다. "세월에 늙는 것이 아니라 이상을 잃어버릴 때 늙어간다."는 사실 또한 늙어가는 입장에서 늙어보아야만 알 수 있는 감정이리라. 이렇듯 세상에 일어나는 모든 일들은 자신의 입장이 될 수 있다는 생각이 인생을 성숙하게 하는 것이다.

상대방의 입장을 이해는 하지만 내 입장에서 이렇게 나무라고 나니 온종일 내 마음이 불편하다. 꾸중이나 나무람은 인격이라 한다. 나무람이 상대에게 미치는 영향력은 삶의 방식과 인격의 힘에 달려 있다는 말이다. 어렸을 때 어머니는 나더러 고집이 세다고 하셨다. 그것은 꾸지람을 해놓고 금방 돌아서면 "엄마"하고 아무 일 없었던 것처럼 해야 할 아이가 불만 가득한 표정으로 반나절이건 하루건 밝아지지 않는다는 점에서 그랬고 때로 회초리라도 들라치면 도망가지 않고 꿋꿋하게 앉아서 어머니가 힘이 빠질 때까지 맞고 있다는 것이었다.

그때 나는 왜 그랬을까? 사실 그때는 고집을 피우기 위해서가 아니라 꾸중을 듣고 나면 왠지 민망하고 죄스러워 그랬다. 회초리를 들고 벌을 주시는 어머니를 피해 도망가야 한다는 것은 감히 생각도 못했던 것인데, 나더러 '고집이 센 아이라서 그렇다'니 어른이 되어서까지도 억울한 생각이 들었다. 이제 꾸중을 듣는 입장에서 꾸중을 하는 입장이 되다보니 내게 그랬던 어머니의 마음이 이해가 된다. 꾸중을 해놓고 긴 시간 동안 불만이 가득한 상대방의 표정을 지켜볼라치면 내 마음은 몇 배나 편치 않다. 뿐더러 표정으로 받아들이는 내면의 느낌, 그 속마음을 알 수 없는 일이기에 어느새 내 표정까지 굳어진 채 하루가 지날 뻔 했다. 그냥 지나쳐도 될 법한 일에 지적하여 나무라놓고는 나 혼자의 깊은 생각에 이토록 힘이 드는 것이다. 센소리 한마디 못하면서 빈정 상할 말 한마디 못하면서도 상대방의 입장을 충분히 존중하여 꾸중이란 것을 조심스레 해놓고도 어쩌면 받는 사람보다 주는 내가 더 힘이 드니 나는 천성이 순하다 여기며 살아간다.

꾸중을 하려면 우선 상대의 인격이 존중되어야 한다. 인격을 무시하는 꾸중은 돌이킬 수 없는 상처를 남긴다. 꾸중은 감정에 사로잡히지 말고 냉정하게 꾸중해야 할 일이다. 감정을 실은 꾸중은 자칫 화풀이로 변질되기 쉽기 때문이다. 그러나 꾸중에 감정이 섞이지 않으면 이미 꾸중이라기 어렵지 않겠던가? 중요한 것은 '어떻게 감정을 떨쳐낼까?'가 아니라 '어떻게 효과적으로 감정을 표현할까?' 하는 문제인 것 같다. 꾸중의 최종 목적이 상대방의 성장이나 변화를 촉진하는 일이라면 꾸중하는 사람의 감정표현도 이 목적에 부합해야 한다. 이렇게 하려면 꾸중하는 사람은 어느 정도 감정을 조절하는 능력을 발달시켜야 한다.

그런데 나는 꾸중을 듣는 입장일 때도 진정한 내 의지를 표현할 줄 몰랐을 뿐더러, 어른이 되어 꾸중을 하는 입장인 지금도 감정을 조절하기는 참으로 힘이 든다. 그래서 말투라든지 조절되지 않은 감정 때문에 내 마음과 전혀 다른 상황이 되어버리는 경우가 자주 발생한다. 꾸중을 해놓고도 훈훈하게 보듬어 치유까지 해주는 은근함이 가득한 사람이 있다. 가까이 있어서 소소함까지 챙겨주며 호

들갑스러움보다 멀리 있어도 무심한 듯 묵묵히 제 할 일을 하며 가끔씩 꾸중을 들어도 그립고 찾아보고 싶어지는 사람이 있다. 사실은 살아오면서 나와 성격이 잘 맞아서 맘에 드는 사람은 별로 없었던 것 같다. 그러나 옆에만 있어도 너그러움이 느껴지고 내 말에 고개를 끄덕여주는 긍정적인 사람은 많이 보아왔다.

오늘 문득 그런 사람과 일상을 가까이 하며 살아간다면 참으로 평화롭겠다는 생각을 해본다. 그리고 아무 일 없었던 듯 퇴근하는 직원의 뒷모습에 아무 일 없었던 듯 맑은 인사말까지 보낸다.

아무리 정열의 빛이라는 태양도
첫날
그 해를 맞이하기 위해
온 세상이 수선스러워도
겸손함으로 고요히 떠오르더라

한바탕
청춘 같은 열정으로 뜨거웠다가
그마저 부끄러워
노을빛 발그스레 고요히 지더라

모든 것이 그러하듯
겸손한 가슴으로
기쁨이라 하여 너무 뜨겁지 않기를
슬픔이라 하여 너무 좌절하지 않기를

# 행복을 흔드는 여자

행복이란 자신의 몸에 몇 방울 떨어뜨려 주면
다른 사람들이 기분 좋게 느낄 수 있는 향수와 같다.
- 랠프 월도 에머슨

올 가을엔 비가 드물다. 비가 적으니 단풍이 제 색깔을 가득 담아 유난히 곱다. 윗녘이나 아랫녘에 단풍보기 위하여 날 잡아 가지 않아도 단풍들이 여우네 앞을 서성인다. 색깔담은 물방울이 뚝뚝 떨어질 것 같은 위태로운 이 가을풍경을 카메라에 담아 여기저기 전송하고 싶어진다. 밤부터 출근시간까지 적잖은 비가 꾸준히 내리고 있다. 움직이는 모든 자동차들이 전조등을 켜고 달리니 문득 도로 위에 열리는 가을비와 함께하는 빛 축제 같다는 생각을 해본다. 이렇게 귀하고 아름다운 모든 것들은 모이면 축제가 되는 것이다.

새벽 5시에 둥지를 털고 나와 사우나 들러 가뿐히 학교와의 거리를 달리는 출근시간만큼 나에게 행복한 순간은 없다. 하루 중 가장 많은 사람들을 생각하고 하루 중 가장 많은 그리움이 여유롭게 솟은 시간이다. 빗속에 빛들의 질주를 잠시 곁에 두고 도로변 가장자리에 자동차를 잠시 세우고, 오늘 같은 가을을 전송하기 위하여 휴대폰을 꺼내 든다.

가을비 촉촉하게 내리는 아침
단풍들 스스럼없이 옷을 벗습니다
나무들 또한
스스로 희생의 길을 걷습니다
더 큰 성장을 위하여
아픔을 숨기는 눈물입니다
그리고는 가을 씨앗들 춥지 않게
이불처럼 덮습니다.
겨울 뒤의 봄을 기대하며
그렇게 또
다른 삶을 준비합니다

이렇듯 계절도 수레바퀴처럼
혼자만 살지 않는 것이기에
살짝 가을 마중 했던 것이
너무 일찍이었나 봅니다
가만히 있어도 될 일이었건만
계절보다 먼저 걸어 와보니
쓸쓸하기 그지없습니다

그러므로 가을만큼은
너무 일찍 마중하는 것이 아닌가봅니다
오늘은 이 가을 속에서
충분히 아름답고 고운그림 그리소서

그리우면 언제든지 소식을 전할 수 있는 아름다운 세상에 살고 있음이 축복이다. 짧은 시간을 허락하여 지인들에게 메시지를 전송하고 나면 내 휴대폰은 아름다운 답장을 받아 전송해오느라 온종일 울어댈 것이다. 모든 행복과 기쁨은 내가 찾아야 진정한 내 것이 된다. 내가 흔들지 않으면 하루 종일 반가운 메시지 한 줄 도착하지 않는다. 물론 내가 염려하지 않아도 세상의 모든 사람들은 안녕하겠지만 나는 꾸준히 세상의 행복과 기쁨을 흔들어 떨어지는 만큼 주워 담고 싶은 것이다.

"자네가 오기 전에도 이곳은 지금처럼 잘 있었다네."

이 말은 법륜스님이 부목생활 시절에 너무나 열심히 일하는 모습을 보면서 주지스님께서 집착하는 삶을 깨닫게 하셨다는 이야기다. 미국의 초대대통령 죠지 워싱턴은 "없어서는 안 되는 인물은 없다. 나 없어도 미국은 돌아간다."라며 대통령 3선을 스스로 거부하며 미국의 대중민주주의를 창조해내는데 큰 역할을 했다고 한다.

살아보니 집착이 욕심이며 욕심이 진정한 화를 불러온다는 것도 알 것 같다. "다만 사람이 누군가를 기억하고 있으면 그 사람은 죽어도 죽은 것이 아니다."라는 말처럼 내 하나의 가슴 안에 쌓여 살아 펄펄 뛰는 이 그리움은 집착이거나 욕심이 아닌 삶의 활력이며 찰진 맛으로 다가오는 관계인 것이다.

나이 50이 넘으면 기억력은 사라지고 사고력은 출발하는 시기라 한다. 그러나 진정한 인생의 보람과 의미를 느끼는 나이는 60-80세라지 않던가? 그것은 60세 이전에 존경받기는 어렵다는 뜻이겠다. 명예보다는 존경받아야 성공한 인생이라 할 수 있을 것이다. 가장 후회 없는 인생은 건강을 잘 지켜내는 것이며 그 비결로 일과 사람을 사랑하고 너그러워지는 것이리라.

낮 시간은 덥다 할 만큼 따사로운 가을날이지만 조석으로는 역시 계절답게 쌀쌀하다. 여름 지나 가을이 처음 시작될 때는 감정과 일상에 혼돈을 거듭하면서 체감온도에 만족했다가 쓸쓸해했다가 허망했다가 풍성했다 한다. 그렇게 불과 몇 날만 지나면 새 계절 깊숙이 들어와 행복을 흔들며 또 한해를 보낼 준비를 하게 될 것이다.

# 시어머니로 가는 길목에서

가정의 단란함이 이 세상에서 가장 빛나는 기쁨이다.
그리고 자녀를 보는 즐거움은 사람의 가장 거룩한 즐거움이다.
- 페스탈로치

새해 해돋이를 찾아 동해 그 푸른 바다나 높다란 산이나 쉼 없이 숨 고르며 발걸음 내딛는 그 무리에 끼어들지 못하고, 습관에 길들여져 사우나 냉온탕을 오가며 해를 긷는다. 새해에는 친구들 볼 부비는 날이 많아지기를, 눈물 많은 이들의 친구가 될 수 있기를, 내 자신이 누구 앞에서든지 더욱 당당해지기를 빌어본다. 아울러 내 아이들이 어떤 경우라도 건강하고 마음이 평화롭기를 거듭 희망해본다.

휴일이면 늘 그렇듯이 사우나엘 다녀오니 시간은 벌써 정오가 가까워지고 있었다. 매년 1월 1일이면 약속으로 이루어지는 문중 모임이 있단다. 곽씨 문중의 아내이며 며느리 된지 34년, 문득 올해는 처음으로 문중모임에 나가보고 싶은 마음이 들었다. 이 또한 늙음의 징조인가? 이제는 친정 자랑거리보다는 시댁 자랑거리가 더 많아지는 것을 보면 내 며느리의 시댁이 올바르고 본이 되도록 노력과 채비를 해야 한다는 철든 생각을 하고 있나 보다.

오늘 따라 마음도 뜻도 없는 남편을 설득해 문중모임이 있다는 식당으로 나섰다. 도착해보니 20여 분의 집안 어르신들께서 먼저 도착해 이미 회의를 진행하고 계셨다. 남편은 문을 열고 들어서자마자 엎드려 큰절로 인사를 드린다. 생각 없이 뒤 따르던 나는 엉겁결에 평절로 인사를 드렸다. 생각해보면 남편은 항상 그랬었다. 오다가는 길에 잠깐 인사차 들렀을지라도 집안 어르신께는 언제나 무릎 꿇어 큰절이나 평절로 인사를 드린다. 순간 스치는 생각 하나, 내가 생각하지 못했던 이 풍경을 요즘 흔한 폰에 담아 둘 것을, 그래서 아버지의 몸에 베인 예절을 내 아이들에게 자연스레 보여주지 못한 것이 아쉬웠다.

그로부터 한 달 후 지난번보다 관계가 더 가까운 문중모임이 또 있다기에 이번에는 남편이 출타 중에 혼자 참석하게 되었다. 이번에는 지난 모임에서 보아왔던 가품을 익혀 몸으로 흡수한지라 자연스레 적응할 수 있었다. 그리고 그동안 만나보지 못해 몰랐던 집안 어르신들과 또 자손들이 어떻게 자라고 사회적으로 어떤 위치에서 어떻게 살아가고 있는지가 눈에 들어온다. 더욱더 집안의 중요함과 가품이 훌륭한 집안의 며느리 됨이 자랑스러울 뿐더러 자녀로서의 자긍심도 심어주어야 할 필요성까지도 느끼게 된 것이다.

예를 들어 한국을 대표하는 500년 명문가의 자녀교육이 특별하게 존재한다. 그들이 그토록 많은 인재를 배출해낸 데에는 뭔가 특별한 자녀교육과 노하우도 있었겠지만 그 집안만의 훌륭한 가풍 또한 중요하게 자리매김해 왔으리라. 수백 년을 이어온 명문가를 찾아 그들의 고유한 자녀교육 비법을 전해 듣고 이를 정리한 책이 나와 있을 만큼 명문가의 비결은 부모의 모범, 즉 '본보기 교육'에 있었고 '5백년 명문가의 자녀교육'은 인성교육과 생활교육을 중시했으며 자녀교육에 대한 열정과 헌신, 가문의 전통을 세우고 자녀교육의 기틀을 마련했던 노하우와 저력을 자식들에게 암묵적으로 영향을 끼친 부모의 역할이 크다는 것을 볼 수 있다.

유수한 명문가의 명성은 하루아침에 이루어질 수 없다. 가족이란 틀 안에서 행해졌던 종가의 교육법과 교훈적인 내용들을 통해 우리는 함께 고민해보고 더불어 해법도 알아내야 할 필요성도 느낀다. 예절이라는 것은 자신을 위해서라기보다는 다른 사람이 더 편안하고 안전하게 느낄 수 있도록 행동하기 위해 배려하고 노력한다는 것이다. 모든 공손함의 표현은 바로 다른 사람들을 위한 행동이지만, 자신을 다듬어가는 자세에도 적잖은 역할을 한다. 다른 사람에게 손을 뻗어 악수를 청하는 것은 무기를 들고 있지 않다는 것을 증명하는 것이며, 식탁에서 팔꿈치를 떼는 것은 다른 사람들이 편안하게 식사할 수 있도록 더 많은 공간을 내주기 위해서라고 한다.

그 이유는 사람들은 함께 살아가는 공동체로서의 삶을 인식하는 것이 다른 무엇보다 중요하다고 생각하기 때문이며 그로 인하여 타인으로부터 자신의 전반적인 인성과 습성까지도 대략 인정받게 되는 계기가 되기도 한다. 현실적으로 보면 사회자체가 경쟁적이다. 그렇다보니 상대를 밟지 않으면 성공할 수 없는 그런 사회 분위기를 조성해놔서 아무리 가까운 친구라도 밟고 일어서야 한다는 그런 부분이 많은 것 같다. 그래서 정이 없고, 항상 가까이 있는 친구를 적으로 생각하는 그런 사회분위기로 인해 실제 우리 삶에 있어서 인성이라는 기본 속성을 표현할 수 있는 교육이 필요하지 않겠나, 하는 생각을 해본다.

아무리 공부를 잘해도 인성이 갖춰져 있지 않은 까닭에 많은 지식인들이 성폭행, 성희롱 등 성범죄를 짓고 있지 않던가. 부모가 모범을 보이며 가르치지 않고서는 내 아이라도 말하지 않아도 잘 하는 아이는 없다. 딸아이를 출가시킨 후로는 염려하는 마음은 한결 같다. '혹여 시어른께 버르장머리 없이 함부로 행동하지는 않을까?, 눈치 없고 상식 없이 마냥 철없는 행동을 하지는 않을까?' 걱정인 것이 나도 시어머니의 자리를 준비하는 징조일 것이라 여겨진다.

문 활짝 열어둔 새해에 딸아이도 나도 한층 성숙하여 친정과 시댁의 줄다리기보다는 시댁을 안고 덮어가는 며느리와 시어머니의 품위를 쌓아가는 한 집안의 여자로서 성숙해가리라.

태어날 때부터 다 있었던 젊은이들과
태어날 때부터 배고팠던 우리들이
함께 어우러진 이 시대에

흔한 커피와
입맛대로 골라 마시는
넉넉함을 누리는 일상은
비단 내 것만이 아닙니다

끝끝내 배고팠던 목숨들
풍요로운 나라로 만들어 낸
부모님들의 일상이
내 일상에 여전히 앉아계십니다

멀리
외손자에게서 걸려온
뜻밖의 전화처럼
넉넉함이 밀려드는 가슴이 되어

깊은 향기처럼
별을 품고 싶습니다

# 멘토의 뒷모습에 걸린 외로움

한 개의 촛불로 많은 촛불에 불을 붙여도
처음의 촛불의 빛은 약해지지 않는다.
- 탈무드

새해 첫 출근이다. 각 직장마다 시무식이 있겠지만 우리는 말일에 방학과 함께 아이들이 들어갔으니 여유롭게 출근을 한 것이다. 출근과 함께 업무메일을 열어보았다. 그리고 참 따뜻한 인사말을 눈에 넣었다.

"어떠한 성인도 과거의 그림자가 없는 사람이 없고, 어떠한 죄인도 미래의 태양이 뜨지 않은 이가 없습니다. 지난 2015년 선생님은 참 열심히 잘 사셨습니다. 실수 잘못 그대로 용서합니다. 새해 2016년 용기와 희망으로 제자들과 함께 행복 열매 맺기를 축복 드립니다."

용서하는 한 줄의 글과 용기와 희망을 주는 한 줄의 인사말이 이토록 마음을 훈훈하게 한다. 연말에 아들이 다녀가는 길에 지금 머무는 직장에서 아직도 애착을 갖지 못하는 듯한 눈치를 읽고 나니 내내 가슴이 아프다. 직장생활이란 함께 일하는 직원과의 관계 속에서 위해주고 힘이 되어주는 것이 삶의 힘이랄 정도로 중요하고 귀한 것인데 많이 힘들어하는 눈치다.

"가끔은 우리보다 못한 처지의 사람들도 한 번쯤 생각해보자."라는 말밖에는 딱히 힘이 되는 말이거나 위로가 되어주는 말을 해주지 못했었다. 그러나 인생살이 똑같이 힘든데 누구보다 못한 처지가 당사자이고 싶은 사람은 없을 것이다.

과연 나는 내 자식을 어떻게, 얼마나 알고 있는가 생각해보자. 내가 남 앞에서 "내 아이는 이렇다."라고 말할 수 있는 부분은 무엇인지 또는 그 근거는 무엇인지 생각해보니 가슴이 먹먹했다.

언젠가 작가 김홍신의 아들이 입사시험 면접에서 '존경하는 작가'에 대해 질문을 받자 답은 의외로 다른 작가를 거론하더란다. 의아했던 면접관이 아버지인 김홍신 작가를 언급하자 "같이 살아보면 알아요."라고 대답했다는 회고담이 있다.

사람들이 존경하고 잘 따라주는 사람이어서 모두가 그런 것은 아니다. 몇 해 전 우리 사회에 멘토 열풍이 불었다. '멘토'는 고대 그리스 시인 호메로스가 쓴 『오디세이아』에 나오는 인물이다. 당시 트로이 전쟁에 출전하게 된 오딧세이는 자신의 아들 교육을 그의 친구 '멘토'에게 맡긴다. 멘토는 오딧세이가 10여 년의 전쟁을 마치고 돌아올 동안 친구 아들의 선생으로서 때로는 상담자로서, 가끔은 친구처럼 지냈다. 그래서 지금은 '멘토'가 현명하고 신뢰할 수 있어 상담할 수 있는 상대, 지도자, 정신적 스승, 선생님 등의 의미를 갖는다.

그런데 이 이야기에서 그 멘토가 아버지의 친구였다는 점에 주목하게 되었다. 나는 아들 친구나 딸 친구들의 이름이거나 얼굴을 많이 알고 있지 않다. 물론 나뿐만이 아니라 요즘은 가족들도 각자의 삶을 사는 개인주의 경향이 강화되면서 각자의 친구관계로 한정되는 경우가 많다. 그래서 아빠의 친구가 누구인지? 아들이 요즘 누구랑 가장 친한지 알지 못하는 경우가 많기 때문이다. 그러다보니 가까운 곳에서 멘토를 찾는 것이 아니라 저 멀리서 찾는 경향이 생기게 되었다. 멀리서, 대중매체에서 멘토를 찾는 것이 문제라는 것이 아니라, 가까운 곳에 실재하는 멘토를 활용하지 못한다는 것이 안타깝다는 이야기다.

사실 부모의 말은 자식들에게 잔소리이기 십상이다. 아이들 입장에서 보면 부모의 말씀은 한 얘기 또 하고 한 얘기 또 하는 반복적이고 지겨운 이야기일 뿐이다. 부모의 잔소리 역시 자신의 자식들에 대한 과도한 기대와 자신의 한풀이 등이 뒤섞이게 마련이다. 제대로 아이를 바라보고, 적절하게 조언해주기에는 쉽지 않은 일이다. 서로 바꿔가며 멘토가 되어주면 어떨까? 또는 함께 일하는 동료거나 선배와 멘토가 되어주는 품앗이를 하는 것이 어떨까? 내 자식이 아니라 친구 아들, 딸처럼 한 걸음 떨어져서 지켜보게 되면 사회를 살아간 어른으로서 애정을 담아 이야기해줄 수 있지 않을까? 아이들 입장에서도 아빠의 친구가 하는 말이라면 직접적으로 몸 부대끼며 사는 존재가 아니기에, 존경의 마음을 열고 경청하기가 좀 더 쉽지 않을까?

그렇게 가까운 친구가 알아주고 함께 사는 가족이 인정해주고 날마다 함께 일하는 동료가 챙겨주고 보듬어주는 정서야말로 서로가 서로에게 질리지 않는 멘토가 될 수 있을 것 같다. 주위를 둘러보면 누군가의 멘토가 된 사람에 대한 평가가 엇갈리는 경우를 본다. '제 눈에 안경'이란 말도 있고, '콩깍지가 쓰였다'는 말도 있지만. 마냥 좋게만 보는 시각도 문제가 있고, 마냥 부정적인 시각도 문제는 있지 않겠는가? 그러나 한 가지 분명한 것은 결국 스스로도 누군가의 멘토가 되기 위한 기본 조건은 자신 나름대로 세상을 알차게 사는 일이 된다. 라는 것이다. 내 삶 또한 누군가의 길이 된다는 깨달음을 가졌을 때 서로에게 존재가치의 의미는 대단한 것이다. 세월 지나 내 심장처럼 품고 살아온 아들에게 진정한 멘토가 되어줄 수 없었음은 물론이거니와 이제는 나의 멘토인 아들의 외로운 뒷모습을 발견한 이런 날은 나를 많이 아프게 한다.

천성이 부드럽지 못해 미안한데
분명하고 단호한 목소리가
매력이라고 말해 줍니다

그 마음은
그지없이 여리고 말랑말랑하여
그 가슴에는
홍건한 눈물샘이
우물처럼 고여 있다는 것을
알고 있다고 말해 줍니다

아름다운 사람을 만나면
그는 내 안에 들어와
나를 아름다운 사람으로
만들어줍니다

# Give and take

친구들이 당신이 젊어 보인다고 말하기 시작했을 때는
그들이 이미 당신을 늙은이로 보기 시작한 것이라는 것을 알아야 한다.
- 워싱턴 어빙

1박2일로 계획된 교직원 워크샵이 2일째 되는 날 점심식사 후 마무리되었다. 겨울답지 않게 햇살 좋은 질펀한 오후, 혼자서 영화 한 편을 보기로 맘먹고 광주로 자동차를 움직였다. 요즘 누구나의 일상에 파고든 영화 <님아, 그 강을 건너지 마오>를 맘먹은 김에 보고 싶어서였다.

구태여 늙었다고 생각되지 않는 내 나이, 그러나 젊다고도 할 수 없는 애매한 이 나이쯤이면 늙음을 미리 바라볼 수 있는 기회가 되기도 했다. 소설이든, 영화든 보는 사람의 관점과 생각, 가진 환경, 가치관에 따라 감상과 그 받아들임은 달라지는 법이니 말이다. 폭풍처럼 크게 와 닫는 감동은 아니지만 물결처럼 잔잔한 다큐로 엮어진 이 영화를 감상하고 나오면서 "너희 젊음이 너희 노력으로 얻은 상이 아니듯, 내 늙음도 내 잘못으로 받은 벌이 아니다."라는 말이 적절하게 떠올랐다.

늙음은 결코 슬픔이 아니다. 그러나 젊은 자식들이 늙음을 슬프게 한다. 나이가 들면 어떠한 특효약의 효능보다는 편안한 정서만큼 좋은 것이 없다고 한다. 아무리 '부모한테 못해드려 미안하다.'는 말을 해도 부모는 큰 위로가 되거나 자식을 용서해줄 수 있는 일이 되지 않는다. 단 그렇게 말하는 자식에게 몇 배나 큰 아픔으로 남는 것이다. 자식에게 부모는 하나의 벽이라 했다.

벽은 바람막이가 되거나 보호막이 되는가하면 높으면 높을수록 뛰어넘어야 할 때 장애물임과 동시에 큰 부담이며 걸림돌이 되기도 한다. 아무리 자식이 미덥지 못하더라도 과감히 놓아주어야 한다. 그래서 자식의 성장에 맞게 뜻을 수용하고 인격체로서 존중해주어야 한다는 것이다. 즉 어려서는 부모의 보호를 받고 나이가 들면서는 자식의 보호를 받아야 한다. 부모가 보호받는다고 해서 모든 것을 자식에게 맡기고 기대어 살자는 것은 아니다. 자식에게 의지하는 것은 자식을 존중하고 신뢰한다는 뜻일 수도 있다.

사실 내가 생각하는 내 아이들과의 관계는 내 부모님께 효를 다 했을 때 나 또한 내 자녀들로부터 떳떳하게 보호를 받을 수 있다는 생각이다. 그것이 보고 배운 진정한 효의 가치가 아닌가 싶다. 그런데 이제는 효의 가치에 중심을 두기보다는 '부모와 자식 간 give and take가 오히려 건강한 관계를 만들 수 있다.'라고들 한다. 우리가 살아가는데 누군가에게 내가 준만큼 받으려고 들면 신뢰가 발생하지 않는다. 받은 것과 상관없이 충분히 주었을 때 비로소 상대는 그 관계에 대한 믿음과 신뢰를 갖게 된다, 세상에서 부모가 자식 사랑하는 마음 또한 그러하다. 그래서 부모이며 자식이 아니던가? 워낙 세상이 이기적이고 물질적이다 보니 인간관계에서 먼저 계산적으로 접근하여 받기위하여 준 것은 아닌지 먼저 돌아볼 필요 또한 없지 않다.

내 아들이 청년기에 접어들어 있고 딸아이는 이미 출가를 했지만 가끔 단 돈 몇 푼이라도 주고 싶을 때가 있다. 그때 받지 않으려 사양이라도 하면 나는 늘 "엄마니까 주는 거야. 누가 너에게 돈을 그냥 주겠냐?"고 말했었다. 그런데 요즘 드라마를 보면 부모 자식 간에도 give and take가 철저히 지켜지는 것을 본다. 그렇다면 이 당연한 말에 왜 사람들은 종종 인상을 쓰거나 냉정하다고 생각할까?

결국 인생은 품앗이라거나 인생 공짜 없다는 말과 같다는 뜻일 것이다. 요즘 들어 아침을 맞는 몸이 예전과는 확연히 다르다. 때로 감기 몸살기라도 있으면 이러다가 낫겠거니 했던 것도 큰 병이 함께 몰려오지나 않을까 염려스러워진다. 그러던 중 아이들과 안부 문자거나 전화 통화라도 하게 되면 씩씩한 척 아무 일 없는 척을 한다. 작년부터 달랑달랑 따라다니는 갱년기를 떼놓지 못하고 문득 외로웠다가 문득 허무했다가 그러다가도 회선으로 달려오는 아이들의 목소리만 들리면 별일 없다. 행복하다 말한다.

생각해보니 그러한 나의 태도는 표 나지 않는 심각한 문제일 수도 있는 것이었다. 비단 물질을 주고받는 것만이 아니라 마음 또한 내 존재감으로 전달해야함을 느낀다. 아프면 아프다고 말해야 하며 외로우면 외롭다고 표현해주어야 한다. 인간은 지구상에 존재하는 가장 자기중심적인 존재라서 사고자체가 자기중심적으로 돌아간다. 사랑에서도 내가 이만큼 사랑하면 상대도 그만큼 사랑해주기를 바란다, 그것이 충족되지 않았을 때 사랑은 깨지기 마련이다, 따라서 부모자식관계라서 사랑은 그냥 퍼 줄지라도 내 감정 표현은 올바로 전달함으로써 서로 사랑하는데 어려움이 없을 것이다.

부모님께 사랑받기 위해 온갖 재롱을 피우는 어린아이처럼 늙었다는 것이 자랑이 아니면서도 고집불통이 되는 것은 서글픈 일이기에 더욱더 정직한 표현으로 애정을 쏟아야 한다. 스스로를 소중히 여겨야 하리라. 그리하여 잠시 앉았다 일어난 그 빈자리를 툴툴 털고 일어설 때 성숙한 인생 마무리가 될 듯싶다.

어릴 적
어른 되기 전에는
하지 않아야 할 것들이
참 많았었습니다

그때
어른이 되면
무엇이든
다 해도 되는 줄 알았습니다

그런데
어른이라서
하지 말아야 할 것들이
너무 많습니다

참 힘들게 어른 되었는데
어른이어서 참 힘이 듭니다

# 오늘을 처음 사는 듯

길이 가깝다고 해도 가지 않으면 도달하지 못하며,
일이 작다고 해도 행하지 않으면 성취되지 않는다.
- 순자

아들에게 문자를 보내려 카카오톡을 열었다. 프로필 사진이 바뀌어 있고 "오늘을 처음 살다"라고 한 줄 소개가 바뀌어 있었다. 참 깊고 많은 생각을 하도록 하는 한 줄이었다.

그렇다. 어제와 다름없는 오늘 같지만 실제로는 어제와는 완연히 다른 새로운 하루, 곧 우리는 누구나 오늘을 처음 사는 것이다. 한 직장에 몸담고 수 십 년을 살아도 오늘은 처음이며 나에게 주어진 하루지만 내 마음대로 쓸 수 있는 것은 아니다. 물론 계획을 세우고 그 안에서 예측이 가능한 일도 있지만 대부분은 예측할 수 없는 새로운 일들로 짜여진다. 세상을 살아가는데 문안한 인간관계를 위해서 내 마음대로 나를 움직일 수만은 없다는 것을 보면 참으로 묘한 것이 인생이란 생각이 든다.

그런데 그 하루하루의 새로운 날들을 살아가는 방법이나 관계는 살면서 터득하고 엮어낸 결과이기도 하지만 아주 어릴 적부터 내재한 힘이 큰 역할을 한다고 본다. 남편이 요즘 새로운 삶을 시작했다. 30여 년간 부비고 살았던 직장에서 퇴직을 하고 2년 반 정도 여유도 부려보고 가끔 답답한 일상도 맞아보면서 나름대로 많은 생각을 했으리라.

젊은 영화배우 봉태규도 정글체험보다 직장출근이 더 힘들다고 고백한 적이 있었건만, 남편은 드디어 제2의 직장을 구해 출근을 시작했다. 그로인해 단 둘 뿐인 우리 집은 묘한 활기로 집안이 가득차고 새로운 대화와 새로운 일상이 시작된 것이다. 아침이면 어딘가를 향해 나갈 수 있는 그곳, 하루를 무슨 일인가를 시작하고 마무리할 수 있다는 그곳, 그것이 삶의 의욕이고 살아 펄펄 뛰는 인생이라는 그것이었다. 남편은 천성이 곱고 순한 사람인데다가 누구와도 트러블 없이 좋은 관계를 유지하면서 살아온 세월을 잘 알기에 그야말로 정년 후 제 2의 직장으로 자리 잡게 된 이곳에서 참으로 보람을 느끼며 잘 해 내리라 생각했었다. 그런데 웬걸 너그럽고 둥글고 사람 좋다는 평판으로는 안 되는 것이 사람 사는 일이었다.

빌 게이츠의 "인생이란 결코 공평하지 않다는 사실에 익숙해져라."는 명언을 다시금 생각하게 했다. '인생은 공평하니 노력을 해라'는 식으로 말하지만 실은 공평하지 않은 것이 사실임이 틀림없는 것 같다. 태어나고 자라난 환경, 배경, 가족 등에 따라 주어지는 기회가 천차만별이니 그렇다 할 수 있을 것 같았다. 사람들은 수평으로 가지를 뻗으면서 욕망은 수직을 꿈꾸고 살아간다. 그러니 상대가 못 맞히면 내가 즐거운 짤짤이와 같은 것이 인생을 살게 되는 것이 아니가?

단위농협 조합원들과 가족처럼 친지처럼 순하게만 살아온 남편으로서는 어쩌면 늘그막에 새로운 세상을 알게 된 것인지도 모르겠다. 그것은 묵묵히 착하게 사는 것이 옳은 것이 아니라 옳게 사는 것이

착하게 사는 것임을 절실히 깨닫게 하는 일상들이었으리라. 남의 손에 든 것은 무엇이라도 달라는 소리 한 번 못해보고 정녕 내게 필요한 것 마저 남이 달라면 모든 것을 내 놓고 살았던 삶이 결코 옳게 사는 것이 아니었음을 알 것 같다.

헤겔은 "철학은 시대에 아들이다. 모든 철학은 시대에 따라 달라진다."라고 하지 않았던가? 마냥 착하고 베푸는 삶이 옳게 사는 것이 아니었음을 알아가고 있기는 하지만 정녕 적응은 힘들어 보였다. 그렇다 시대가 바뀐 것을 감지하지 못한 것일까? 급변하는 시대 속에서 평생직장의 개념이 바뀌어가고 있는 요즘 준비되어있지 않을 경우에는 언제든지 그만두게 될 수 있다. 누구나가 직장에서 정년을 맞아야 한다. 의료기술의 발전으로 인간의 수명은 지속적으로 늘어가고 있는 환경에서 60대의 정년퇴직은 참으로 빠른 사회생활의 단절이 될 수 있다.

한 직장에서 정년을 맞이한다 하더라도 그 이후의 또 다른 직장을 갖기 위해 피나는 노력과 준비가 반듯이 선행되어야 한다. 아기가 태어나 첫 걸음마를 할 때 사람들은 축복의 박수를 보내며 대견스러워 한다. 그리고 성년이 되어 홀로서기 즉 자신은 물론이며 가족까지 부양해오던 직장생활을 퇴직하고 나면 제2의 인생을 위해 인생의 두 번째 걸음마를 하게 되는 것이다. 그러한 시작으로 또 다른 홀로서기를 해야 할 때 그 피나는 노력과 준비로 하여금 이제는 자신의 삶에 스스로 축복의 박수를 보내게 되는 것이리라. 세월은 생각보다 훨씬 빨리 온다.

금방 떠밀려나가는 날이 온다는 것이다. 특히 베이비부머 세대인 우리에게는 예고된 수난이 기다리고 있는 만큼 직장생활에서 떨어져 나오게 되면 홀로 살아갈 길을 철저히 계획하지 않으면 안 된다. 그런가하면 일반 기업과 같은 직장에서는 벌써 40세가 넘어서면 심각하게 향후 어떻게 살아가야 할 것인가를 고민하고 준비해야 한다. 젊었을 때 여러 가지 조건을 고려하여 선택했었는가 하면 직장 안에서 밖을 생각하는 것과 현실은 많은 차이가 있음도 분명하다. 나이는 숫자에 불과하다지만 나이 드는 것은 분명 현실이다.

그러다보니 기억력, 판단력, 추진력은 예전 같지 않으며 그나마 나아진 것이라면 인품이 조금이나마 둥글둥글 해졌거나 좀 더 너그러워졌다는 정도이니 축적된 경험과 연륜으로 아는 것이 많아진 것에 비해 새로운 것을 접할 때 어둔해짐은 당연한 것이다.

규모나 대우는 부족하지만 정년에 관계없이 꾸준히 할 수 있는 일에 참여하기 위해 참으로 많은 공을 들여야 한다. 해당 사업장의 오너와 돈독한 신뢰를 쌓아야 하고 그 분야에 기여할 수 있는 능력이 있어야 하며 올인할 수 있는 마음의 준비가 되어있어야 하는 것이다. 늘 오늘을 처음 사는 듯 말이다.

산다는 것은
그 누구 곁의 존재가 되어
좋은 일과 궂은 일이 지나가는
그대로
맞이하고 보내는

산다는 것은
산다는 것 이외에는
아무것도 아닙니다

다만
아무것도 아닌 것이
내 삶에 그 무엇이 되었을 때
인생은
참으로 매혹적인 것이 될 수 있습니다

# 동거하는 여자

여자가 생리적으로 해탈하기에는 부족한 존재다.
- 석가모니

그이와 동거를 시작한지 일 년 칠 개월 째, 어느 한밤중 그이가 찾아와 뜬금없이 내 품에 안기어 준비 없이 맞이한 나를 당황스럽게 했던 그 첫날밤을 나는 생생하게 기억한다. 참으로 놀라고 불안했으며 초조하기까지 했었다. 평소 남에게 말 한마디도 신경을 많이 쓰는 편이고 남이 부탁한 것을 못 들어주면 그것이 신경이 쓰여서 잠을 못자는 그런 성격인 내게 불쑥 찾아와 내 모든 사생활을 점령해오는 그로 하여금 내 일상은 큰 변화를 가져오게 되었다.

내 의지와 상관없이 그이와 동침을 해야 했으며 피로에 쌓여 잠이든 내 가슴에 뜨거운 불덩이로 치솟아 안절부절 못하게 하는가 하면 잠자리에 들면 물 한 모금 마시지 않고 새 날을 맞이하던 내게 목마름으로 몇 번이나 물심부름을 시키는 것이었다. 그뿐이던가? 혼자 있거나 누군가를 만나거나 혈압상승을 조정하여 발열을 일으키고 구슬 같은 땀방울을 주먹으로 훔치며 민망해해야만 했었다. 한밤중 그이가 접근해오면 몸속 저 깊은 곳에서부터 냉기가 목젖까지 차오르는가 하면 가슴은 흥건히 젖어 육체가 아닌 감정이 아파 예사롭지 않은 진통이 온몸으로 싸르르 밀려왔다.

곤히 잠들어야 할 시간에 잠을 빼앗아가는 그이, 육체를 뜨겁게 달궈 땀으로 온몸을 적시게 하는 수상한 그이, 그 때문에 나는 나대로 매사에 신경질이 나고 근심이 많아지니 가슴은 늘 두근거리며 매사에 어딘가 많이 아픈 환자처럼 가슴이 답답하고 열이 났다. 숨이 차고, 입이 마르고, 피부마저 건조해짐을 느낄 때 쯤 나는 그때서야 수소문하여 그이의 정체를 알아보기 시작했다.

그랬다. 너무 데면데면 살아왔는가 하면 시기적으로 내 엄마의 이맘때 쯤 내게도 어김없이 찾아왔으련만 엄마가 일찍 돌아가시고 보니 물어볼 곳도 알려주는 이도 없었다. 그렇게 아무런 준비도 없이 그이를 맞이하여 철없이 힘들어 한 셈이다. 내 어머니에게도 또 그 어머니에게도 어김없이 찾아오는 그이의 정체라면 그래 함께 살자. 나를 더 철들게 만들어놓고 떠날 때까지 좋은 친구 만난 듯 사이좋게 지내기로 하자.

나는 그이를 즐기면서 그이는 나를 철들게 하면서 나란히 젖어 살기로 했다. 나이는 세월가면 저절로 늘어가는 것이 아니며 훈장과 같아서 먹는 만큼 치르는 대가도 분명 있으리라. 그렇게 얼래고 달래가며 일 년 칠 개월, 그동안 반항 한 번 하지 않고 오히려 감사하며 고분고분 지내왔건만 찬바람 이는 겨울의 문턱에서 그이는 돌변하기 시작했다. 별반 다를 바 없던 어느 날 아침 갑자기 내 몸을 천근만근 짓누르기 시작했다. 그리고는 내 온 전신에 무력감으로 공격해오는 그이는 그동안 우리는 무난한 동거였다는 사실을 잊은 듯 했다. 또한 그이를 만나게 되면 나는 오히려 남성화되어 간다는 변화의 상식을 그는 아는지 모르는지. 그야말로 알 수 없는 변화로 나를 향해 또다시 도전해온 것이다.

참으로 신비스러운 그이의 정체를 계획이 없었더라도 준비가 없었더라도 자연스레 맞이하려던 순한 나의 마음을 흔들고 있었다. 아무리 힘들어도 맞서 싸울 생각은 없었건만 나는 새로운 마음가짐으로 그이를 대하기로 작정했다. 싸움을 시작할 때는 이기기 위하여 하는 것이다. 그이를 이겨내기 위하여 나는 싸움을 시작했다.

우선 내 자신에 대한 제발견과 연구를 거듭해가면서 안전지향 본능과 인내심을 동원한 것이다. 또한 이 나이에 이제 와서 무엇을 어떻게 하겠는가라는 푸념은 그이와의 소통에 두려움의 표시일뿐더러 교신마저 끊기에 된다면 난감한 실패가 될 것이기에 온 심혈을 쏟아내 자신에 대한 정성과 그이에 대한 파악을 게을리 하지 않기로 했다. 가을 낙엽이 지면 센티해지던 젊은 날들, 꽃이 피면 하늘을 날을 듯 풍선처럼 부풀던 가슴을 갱년기라는 하찮은 끄나풀에 매어서는 안 될 일이기 때문이다. 내 딸이 내 나이가 되어 다시 힘들어 하게 될지도 모를 갱년기, 이는 내가 받지 못한 엄마의 사랑까지 보태어 딸에게 전해야 할 숙제다. 여자거나 남자거나 어차피 맞이할 일이라면 좀 더 쉽게 동행할 수 있도록 지금 동거중인 갱년기, 너로 하여금 내가 배워가며 잘 견뎌낼 것이다.

## 달래거나 싸우거나
- 두 번째 갱년기

그때
처음으로 나를 찾아와
한밤중에 잠을 빼앗아가고
뜨거움으로 온몸을 홍건하게 하여
끝내는

바닥과 침대를 오가면서도
어차피 내 몸처럼 살아야겠기에
어깨동무하며 살았습니다

그렇게 살다가
조심조심 달래어 보냈건만
무슨 미련이 남아 다시 찾아온 그이

한 걸음 걷기가 민망하게
의욕을 빼앗아가고
세상을 짊어진 듯
온몸을 무겁게 하고
뜨거움도 차가움도 아닌
수상한 그이와
이제는 싸우기로 합니다

삶속에 사람이거나
사람 안에 삶이거나
달래거나 싸우거나
그렇게 사는 것 아니던가요

# 정신없이 사랑하고 정신없이 연애하고

나에게 있어 연애는 늘 최대의 사업이었다라고 말하기보다는
오히려 유일한 사업이었다.
- 스탕달

비디오 아트를 창시한 공로로 금세기 최고의 실험적인 작가로 추앙받는 사람 중 한 사람인 백남준, 그는 비평가들로부터 조각가, 행위예술가, 비디오 아트의 창시자 등 다양한 이름으로 불렸는데, 심지어 그를 '환상세계의 여행자'라고 부르는 사람들도 있었다. 그러나 거의 모든 비평가들은 백남준이 1960년대 초반 이래 포스트모더니즘 계열의 예술가들 중에서 가장 도발적이고 혁신적인 인물이라는 데 주저하지 않는다.

구태여 이렇게 서두를 시작하는 것은 백남준을 얘기하자는 것은 아니다. 그런 백남준이 1996년 뇌졸중으로 쓰러져 몸의 왼쪽 신경이 마비되었다. 2005년 그는 기자와의 일문일답에서 "지금 무엇이 제일 하고 싶냐?"는 질문에 "연애를 하고 싶다."고 했고, "연애 많이 하셨잖아요?"라고 하니 "해도 해도 하고 싶은 것이 연애여서 아직 부족하다."라고 했다한다.

박완서님은 "몸이 노쇠해졌다는 건 느끼지만 마음은 늙지 않았어요. 버스와 지하철을 즐겨 타고, 시내에서 영화도 자주보고……. 당장 연애도 할 수 있을 것 같은 기분인걸요." 일흔일곱의 나이를 들

어서도, 자신의 의지로조차 움직일 수 없는 몸 임에도 불구하고 그들은 모두 사랑하고 싶다고 말했다. 박완서 님은 한 발 더 나가 연애를 하고 싶다고 했다. 사랑보다 뜨거운 의미를 가지고 있는 연애라는 단어로 자신의 현재를 말하고 있었다.

살아 숨 쉰다는 것. 그것은 아마도 사랑하고 있어야만 가능한 일이 아닐지. 그들은 그 나이에도 사랑에서 영감을 얻고, 이성(異性)에 가슴이 뛰었던 것일까? 연애를 잘한다는 의미는 여러 가지로 해석될 수 있다.

시작을 잘한다는 것. 시작 후 오래도록 변함없이 관계를 유지해 간다는 것. 정말 상대방에게 잘해준다는 것, 사람은 태어나서부터 잘하는 것은 없다. 밥을 먹는 것도 지금까지 살아오면서 계속 밥 먹는 훈련이 되어서이지 기본적으로 숟가락 젓가락질을 타고나는 사람은 없다 나도 모르게 지속적으로 훈련을 해서 지금의 모습을 갖춘 것이다. 그중 연애도 그런 것이다. 연애를 소모전이라고 생각하게 되면 실제로 연애를 할 수 있는 시기를 훌쩍 지날 수 있다. 수학처럼 사직연산을 배우고 그걸 바탕으로 응용하는 단계로 가는 것이 인생의 흐름이 아니기 때문이다.

연애는 메인요리를 먹을 때 반찬과도 같다. 살면서 중간 중간 기회가 올 때 연애를 해야 하는 것이다 물론 집중해야 할 시기가 있다. 수능공부를 하는 시기에 굳이 연애를 한다하여 노력하고 그곳에 시간을 투자하는 것보다는 그 잠시잠깐의 시기를 갖고 연애의 문을 다시 열어놓는 것이다, 인생 살면서 그렇게 집중해야 할 시기는 그리 많지 않다. 연애는 나 혼자 하는 것이 아니라 상대방과 감정을 공유하는 것이다. 그 사람이 무엇을 원하는지 캐치하고 서로 감정교환을 하는 것이다. 그리하여 상호간의 교류가 이뤄져야 한다. 숙제와 연애는 미뤄서는 안 된다. 마감에 임박해서 하는 숙제, 나이가 차서 빨리 시간의 검증을 생략한 채 하는 연애, 그렇게 급하게 하는 것보다는 그때그때 가장 알맞을 때 해야 한다.

'이 나이에 무슨 사랑이냐?'라는 생각 또한 깨야 한다. 나이를 먹으면 안정적이다. 나이를 먹으면 청춘 말고는 많은 것을 얻게 된다. 사랑이란 하고 싶으면 하는 줄 알지만 나이 먹어 많은 것을 얻은 뒤 청춘을 잃게 된 후에는 정녕 맘대로 되지 않는다. 이 사람이 전부이거나 끝은 없다. 사랑과 연애는 같을 수 없다. 사랑은 그러함에도 불구하고 하는 것이고, 연애는 그러하기 때문에 하는 것이다. 그렇다면 우리는 삶도 역시 연애하는 기분으로 살아가야 한다. 우리는 지금 우주의 그 어떤 미션을 수행중이라 생각하면 어떠할까? 직감에 따라 행동하고 삶에 대한 열정을 미루지 않고 최선을 다한다면 그럴수록 삶은 더욱 달콤해질 것이다.

꿈꾸는 삶을 살아간다는 것은 계속 전진한다는 것을 의미한다. 살면서 느끼는 후회와 아쉬움은 분명히 다르다. 아쉬움은 미래를 내다보게 하지만, 후회는 자신을 과거 속에 붙잡아둔다. 때문에 타이밍을 놓치고 나면 지나버린 선택에 괴롭고 힘들 수밖에 없다. 많이 살아온 이들의 조언과 경험을 사려 깊게 듣는 자세도 매우 중요하지만 그들의 의견에 끌려 다닐 수는 없다. 노년이 되어 지난날의 사랑과 젊음을 돌아본다면 아쉬움도 후회도 용납할 수 없을 만큼 우리는 하나 뿐인 삶에 정신없이 사랑하고 정신없이 연애하며 살아야 할 일이다.

목소리의 톤이 나지막하여
그지없이 부드럽고
말끝마다 언어가 고와서
참 다정다감합니다

품행이 단정하니
늘 함께하기에 편안하고
시인의 거친 말도
거침없이 들어 준 남자

내가 하는 일에
단 한 번도
태클 걸어 본 적 없는
순한 남자

이런 남자가 애인이었으면
참 좋겠는데
이미
반세기 가까운 세월을
남편이란 이름으로 살아버렸습니다

아무리 좋다한들
너무 오랜 인연은
수시로 엇박자이기 쉬우며
너무 짧은 인연은
순간에 잊혀지기 쉬운 것을

〈

마치
아껴먹던 알사탕 하나
사르르 녹아 없어진
안타까운 이 느낌을 고백합니다

# 제3부
# 인생, 그 아름다운 중독

# 친정의 백그라운드

가시밭길은 무익한 것이 아니다.
고향에 돌아온 자는 고향에만 있었던 자와는 다르다.
- 헤르만 헤세

서울에 사는 동생에게서 전화가 왔다. 특별한 일 없이 안부를 묻는 일이라면 저녁시간을 이용했으련만, 서로의 근무시간에 전화가 걸려온 것을 보면 무슨 급한 일이 생긴 모양이다. 하여 긴장 반 반가움 반으로 전화를 받았다. 역시 좋은 소식은 아니었다. 동생이 갑상선에 이상이 생겨 수술을 받게 되었다는 소식이다. 요즘 갑상선은 흔한 질병 중의 하나로 꼽히거니와 치료도 다른 장기거나 부분보다 수월하다고는 하지만 수술이라니 놀라지 않을 수 없을뿐더러 걱정이 앞섰다.

부랴부랴 내일과 모레 직장휴가를 내고라도 가보아야 할 일이었다. 다음 날 나는 상경해서 오전 10시경 동생이 입원해있다는 신촌 세브란스병원에 들렀다. 세상에 단 하나뿐인 동생이라서가 아니라 늘 생각만 해도 가슴 아픈 동생이다. 동생을 가진 모든 누나들의 마음이 다 이러하지는 않으리라. 어려서부터 엎치락덮치락 함께 자라지도 못했지만 엄마가 일찍 돌아가셔서 나보다 동생에게 엄마는 온통 그리움일 것이니 생각만 해도 짠하기 그지없다.

그렇다고 엄마가 아닌 누나로서 엄마의 빈자리 백만분의 일도 채워주지 못한 채 함께 늙어가고 있는 것이다. 지난 7월 아버지마저 돌아가시고 몹시 상기된 얼굴을 바라만보고 보냈는데 이번에 만나보니 그때보다는 살짝 회복된 모습이었다. 아마도 근거리에 아버지를 모시면서 여러 가지로 신경 쓰일 일이 적지 않았으리라.

다른 수술과 달라서 갑상선은 회복도 대체적으로 빨라 보였다. 어제 수술했다는데 이삼일 후 퇴원해도 된다고 하니 그나마 다행이었다. 잠시 이번에 수능을 치룬 동생네 두 아이의 결과를 조심스럽게 물었다. 딸아이만 둘을 둔 동생은 큰 아이가 올해 삼수를 하다보니 작은아이와 함께 대학을 진학하게 된 것이다. 이런 경우 경제적으로도 어려움이 많겠지만 요즘아이들이 적성에 맞는 대학을 선택하여 후에 직장을 갖게 되는데 큰 영향을 미치게 되므로 온 가족이 함께 긴장하고 많은 신경을 쓰게 되는 것이다.

다행이 큰아이는 선생님이 되겠다고 서울교대를 들어가고 작은아이는 드라마작가를 희망하여 원하는 대학에 들어갈 수 있게 되었다니 편안한 마음으로 아이들의 입학소식을 접하게 되었다. 요즘 아이들의 진학은 비단 대학에 들어가는 문제만으로 남는 것이 아니라 앞으로의 취업이 관련되어지는 중요한 과정이기에 온 가족이 함께 고민하고 신경 써야 할 숙제인 것이다. 이번에 동생 문병 차 연가를 쓰기 위하여 단박에 내 업무 빈자리에 휴가기간 대체인력을 구하고자 하는데 인력이 없었다.

시골이건 도시이건 중 장년층의 인력은 하루를 구하기도 대단히 어렵다. 집에서 무위도식하며 세월만 붙잡고 노는 사람이 없다는 것이다. 청년 일자리 문제가 이 시대의 가장 뜨거운 이슈로 자리잡고 있기는 하지만 막상 첫 취업의 어려움과 눈높이에 맞는 일자리의 부족은 많은 재학생들이 취업 준비를 위해 졸업을 미루는 결과를 초래하고 이는 청년 고용률에 추가적인 마이너스 요인으로 작용하고 있는 듯하다. 그런가하면 4,50대 전업주부는 물론이며 그냥저냥 노는 사람이 없다보니 어쩌다 학교에서 대체인력이 필요하여 살펴보면 쉬는 인력 찾기가 정말 힘든 것이다.

어디 그뿐인가? 시골집 가가호호 노인들의 인구수는 많아서 요즘 금융기관에 들어서면 눈에 걸리는 것이 노인적금이 유행될 정도이니 참으로 이 나라의 노인복지는 위정자들의 선거권에 기준을 둔 제도가 아닌가 싶은 생각까지 들게 한다. 은퇴 정년을 늦추고, 연금법을 개정하는가 하면 의료 및 노인 복지에 과도하게 낀 거품을 걷어내는 등 지금부터 정책적으로 손봐야 할 것 같은 무리한 생각을 해 본다. 뿐만 아니라 국내 정치권은 허구한날 정쟁을 일삼는 게 다반사이며 국민의 갈증한 번 속 시원히 풀어주지 못한 채 오히려 그들의 생존을 위해 파워게임을 벌이면서 수시로 민생을 외면해오지 않았던가 말이다.

개인적으로 만나면 참 괜찮은 분들인데, 이권다툼이 따르는 정치지형에서는 완전 딴사람으로 변한다. 모름지기 정당 정치의 속성이라고 이해할 수도 있겠지만, 국민을 불편하게 하고 화나게 하는 건 용서받지 못한다는 생각의 집착 안에서 '어떻게 좋은 해결 방안이 없을까?'도 생각하게 된다. 어쨌든 친정동생의 자녀들이 이 시대에 원하는 일, 하고 싶은 일을 하면서 살아갈 수 있도록 근심 없이 풀린다는 든든한 예감은 친정이 내게 대단한 백그라운드가 되는 듯 금세 행복해지는 것을 느꼈다. 이 또한 우리세대의 출가한 여자들의 친정에 대한 특별한 마음이리라.

나에게 친정의 백그라운드는 참으로 소박한 그리움이고 비빌 언덕 같은 든든함이다. 그러니 잘 살아주는 친정에 고맙고 잘 사는 친정이 되어 주어야 할 책임감도 느낀다. 동생 건강과 아이들의 소식을 들여다보고 확인도 하고 그렇게 돌아오는 길에 위로금으로 봉투하나를 전하는데 내 나름대로는 힘껏 넣었건만 더 많이 줄 수 없어 미안한 마음은 한이 없다.

이렇게 떨어져 사는 가족이나 친지를 만나 여비를 챙겨주고 상황에 따라 위로금을 챙겨주어야 할 기회들이 많아지는 나이다. 자녀들에게도 교육이 끝났다하여 또는 직장 잡아 성년이 되었더라도 아직은 용돈을 받고 그들의 경제적 관심을 받을 나이는 아니기에 둥지 떠나면 집에 돌아갈 쯤 지갑이 비워져가는 것도 이 나이면 베풀어야 하는 상대가 많아진다는 뜻일 것이다. 그러함에도 불구하고 친정의 온기를 느끼고 돌아오는 길이 하염없는 기쁨과 넉넉한 여유였음이 이 나이에 갖는 행복일 것이다.

공짜 없는 세상에
받은 만큼 주고
준 만큼 받으며 사는 것을
공정한 거래라 치면

받은 것이 많아
가슴에 새겨 두고
평생 군불처럼 지피며 사는 것을
정녕
정이라 하겠고

받은 것도 없는데
무조건 주고
자꾸만
주고 싶어
주머니를 뒤집어 보는 것을
감히
사랑이라 하겠습니다

이렇듯 사랑은
가슴까지 파고들어서
가슴까지 퍼내 주어도
하염없이 남아 있는
기막힌 빚쟁이와의 인연 같은
그런 것입니다

# 어머니의 맛

어머니가 아버지보다 자식에 대해 더 깊은 애정을 갖는 이유는
어머니는 자식을 낳을 때의 고통을 겪기 때문에
자식이란 절대적으로 자기 것이라는 마음이 아버지보다 강하기 때문이다.
- 아리스토텔레스

딸이 둘째 아이를 임신하면서 입덧이 매우 심한 모양이다. 이번 주 시댁에 가 있겠다더니 한 주간을 더 머물겠다는 연락이 왔다. 친정엄마의 몫을 다하지 못한 것 같아 미안한 마음도 없지 않지만 시댁에 기대고 어려움이 있을 때 시댁과 왕래하는 모습이 당연하게 여기면서도 요즘 아이들 같지 않아 다행스럽고 사랑스럽다. 여자는 아이를 갖고 입덧부터 출산까지의 기억을 책임감처럼 품어 안고 산다. 그만큼 잊히지 않은 까닭일 것이다.

나는 누구보다 입덧도 심했을 뿐더러 두 아이를 낳아 산후조리를 제대로 못했음은 물론이고 마음까지 빈곤했었다. 결혼 전에 친정엄마가 돌아가셨으니 당연히 받아들여야 할 형편이었건만 그때나 지금이나 출가한 딸에게 친정엄마의 자리는 말로 이루 헤아릴 수 없을 만큼 깊고 큰 의미로 남아 생각만 해도 가슴이 먹먹해진다. 그래서 내 딸이 어머니가 되어가면서 내가 필요할 때가 있다면 원 없이 살펴 잘해주고 싶은 마음이 늘 간절했었다. 엄마가 되기 위하여 여자로 태어난 것이 아님에도 불구하고 자식은 물론이고 특히 딸아

이가 엄마 되는 모습은 대견하면서도 평생을 바라보아야 할 가슴 쪼개지는 아픔이다. 그런데도 딸아이가 아이를 낳아 키우는 것을 보니 내가 아이를 키울 때보다 훨씬 관찰력 있고 영리하게 키우는 것 같아 다행이다.

아이를 낳아 36개월 키우는 동안에 어머니의 부정적인 언어가 80퍼센트가 된다는 어떤 통계를 본 적이 있다. 그만큼 아이를 키우는 어머니의 마음은 희생과 더불어 숭고함이다. 딸아이는 "라온이 낳아 키워보니 엄마 마음 알 것 같다."고 늘 이야기한다. 사실 나는 내 아이들 낳아 키우면서 어머니를 많이 생각해보지 못했다. 다만 아이들이 성장하여 내 둥지를 떠났을 때 그 틈으로 새록새록 어머니의 자리가 파고들고 있었다.

누구나 어머니가 돌아가신 빈자리에서 그 그리움은 같겠지만 내 엄마의 이야기는 늘 무겁고 젖어 있다. 아프다는 말도 감추고 살아야 했던 엄마, 그런 내 엄마는 가슴애피[3]를 앓으셨다. 얼마나 힘드셨으면 부엌 바닥을 뒹굴다 견딜 수 없을 때 비로소 소다 한 숟갈 퍼 드시고 '괜찮다'고 하셨던 엄마에 대한 기억이다. 생각해보면 괜찮지 않으면서도 괜찮다고 말하는 것은 늘 어머니의 말이었다. 아이는 엄마의 맛을 알아가면서 자란다. 그래서 엄마의 존재는 무엇이라 말하지 않아도 알 수 있는 것 아니던가? 그런데 너무나 어리석게도 나는 엄마가 되고 나서야 어머니의 맛을 알았으니 부모에게 만병통치약이 될 수 있는 자식이 되어드리지 못했다.

며칠 전에 있었던 일이다. 올해는 김장을 하지 않아 주위에서 선물 받은 김치 한 통을 아들네 집 냉장고에 채워 두었다. 그런데 며

---

3) 가슴애피: 가슴앓이의 전라도 방언

칠 전 아들과 통화하던 중에 김치를 바꿔 달란다. 까닭은 엄마 손맛에 익숙한 그 맛이 아니란다. 음식에 유난히 까다로운 편이 아닌데도 그동안 익숙해진 엄마의 맛을 가려내는 것이 투정이라기에 앞서 무엇인지 모를 고마움으로 느껴졌다. 그렇다 자식과 어머니는 탯줄처럼 이슬처럼 흐르며 통한다지 않던가? 음식에 대한 어머니의 손맛이야 어릴 때부터 길들여졌으니 당연하지만 살면서 우리는 입맛으로의 느낌이 아닌 진정한 어머니의 맛을 알아가고 느끼면서 살아간다. 그래서 더 간절한 것이 있다. 내 아이들은 엄마를 생각하면 언제나 재미있거나 행복했으면 좋겠다. 부모에게 조금이라도 소홀한 것에 대해 아프거나 후회하지 않기를 바란다.

어느 날 텔레비전을 보는데 자식이 부모에게 효자를 세 단계로 말하고 있었다. 첫 번째는 열 살부터 스무 살까지 건강하게 자라주면서 공부까지 잘하면 진짜 효자라 한다. 두 번째는 스무 살부터 마흔 살까지 좋은 배우자 만나 잘 살아주면서 출세까지 해주면 더욱 더 효자라는데 세 번째는 늙은 부모 방을 냄새 날까봐 자꾸 문 열어주고 청소해주며 손까지 잡아주면 진짜 효자지만 이 세 번째 효자 되기에는 많은 사람들이 실천하기 어렵다고 한다. 그러나 출세의 기준이 각각 다르기에 내 아이들은 건강하게 자라 각자 하고 싶은 일에 전념하고 있으니 두 번째까지만 효도해주어도 만족하다. 모든 부모마음은 자식이 독립하여 둥지 틀어 잘살아주면 그뿐 아니겠는가?

사랑스럽기로는
자식보다 백배나 더하고

돌보기로는
자식보다 백배나 힘든
외손주를
외갓집 마당에
하얀 벚꽃이 흐드러졌다고
초대해놓고

하얀 목련이 피었다 지는 줄도 모르고
하얗게 센 머리카락 감추려
애써 단장하고
울타리 밑 빨간 동백 같은 설렘으로
하얀 밤을 지새우며 기다렸답니다

바람처럼 순식간에 다녀간 자리에
수선화 밑에서는
아까운 봄볕이 마르는데
그들이 붙이고 간
야광별 스티커가 반짝이는 식탁에서
또 다시
은하수 같은 초대장을 쓰고 있습니다

# 평화로운 추억

고생했던 추억도 지나고 보니 상쾌하다.
- 에우리피데스

외출했다가 들어와 보니 목포에 사는 지인이 김장을 담갔다며 빈 집에 놓고 가신다는 메모가 남아있다. 태어나 처음 받아 본 김치 선물이다. 결혼하기 전부터 친정어머니가 안계셨고 결혼하여 분가해서는 시어머니께서 연로 하셨을 뿐더러 올케랄지 하다못해 동네 모임 하나 없다보니 새로 담근 김치를 맛보라며 보내준 이 없이 이 세월을 살았다. 그러니 오늘 보내오신 김장김치는 무엇보다 내가 큰 대접을 받은 기분이었다.

집에 돌아오자마자 콩나물밥 지어 새 김치에 혼자서 밥다운 밥을 먹고 오일장 한 바퀴 휘 둘러올 마음으로 나섰다. 오일장에서는 늘 어머니 냄새가 난다. 예전과 변함없는 몸빼바지가 걸려있고 젓갈집 가까운 옷 전에는 내 어머니께서 입다 벗어 놓은 듯 익숙한 꽃가라 블라우스가 걸려있다. 어물전에는 그때나 지금이나 멀뚱멀뚱 눈 뜬 생선들이 쭉쭉 누워 있었을 텐데 내 어머니는 오일장 오실 때마다 빈 지갑 들고 노부모와 우리 남매에게 생선토막이 올려진 밥상을 얼마나 간절하게 희망하셨을까?

나는 오만 원짜리 지폐가 든 지갑을 매만지며 내 딸이 좋아하는 생선과 내 아들이 좋아하는 생선 들여다보며 내 어머니를 그리워해

본다. 오후까지 짙은 안개가 걷히지 않고 있고 날씨는 포근하다. 문득 가실하고 난 논두렁에 고인 물을 품어 곡사리[4] 잡아 물천어[5]를 해 먹였던 어머니의 그 손맛이 그리워진다. 어릴 적 기억에 이맘때면 꼭 한 번은 먹고 지나쳐야 할 음식 중의 하나였기에 추억 속으로 들어가 오늘은 물천어도 먹어보기로 마음먹는다. 곡사리 5천원어치가 오지게도 많았다. 학교에 아이들이 심어 가꾸어 놓은 무가 가을비 덕분에 쑥쑥 자라 있기에 부족함 없이 물천어 요리를 준비한다. 물론 그 시절 내 어머니의 손맛을 따라잡을 수는 없지만 우선 무를 약 10분가량 소금물에 절여뒀다가 곡사리랑 함께 졸여야 부서지지 않는다. 물고추와 갖은 양념으로 어머니 흉내를 내본 것이다.

어느덧 11월 마지막 날이다 보니 기온은 따뜻해도 이제는 민망스럽지 않게 목까지 올라오는 셔츠를 꺼내 입고 털옷을 꺼내 입는다. 낙지골이라 지정된 오일장 이곳에는 집집마다 특별한 광고와 아이디어로 상가 앞을 꾸며놓음이 제법 볼만했다. 오는 길에 뽁뽁이와 문풍지를 사왔다. 30년 넘은 주택이라 외풍이 매우 심하다. 남편께 부탁하자니 몇 날이 걸릴지 모를 일이다. 그 사람의 타고난 성격을 어쩌랴.

혼자서 디자인하여 문풍지까지 부치고 있을 때 딩동! 강진에 사시는 여류시인께서 안부 문자가 도착했다. “화려히 물들어 서 있는 은행나무와 잎 떨어진 풍경이 아름답구나! 저 풍경 속 한 자리에 한참 동안 서 있고 싶다. 그런데 아플 시간도 없구나. 비가 느끈하

---

4) 곡사리: 송사리의 전라도 방언
5) 물천어: 민물고기를 이르는 전라도 방언, 여기서 물천어는 민물고기조림을 말함.

기에 오늘은 양파 심었다. 누가 시키지도 않았는데 나 혼자 늘 바쁘구나. 잘 지내냐?"

기다렸다는 듯 답장을 보냈다.

"그러게요 언니! 누가 시키면 하고 안 시키면 안 해도 괜찮았던 시절이 우리들에게도 있었지요? 그 시절 그 자리에 가만히 서 있을 걸 괜히 세월 믿고 세월 따라 왔다가……."

"그러게 말이다. 가을인가 했더니 어느새 겨울인 갑다. 감기조심해라."

그랬다. 올가을은 흐린 날이 많아 온통 비에 젖고 말았다. 그러나 맑기만 하면 논일과 밭일을 해야 했던 어린 시절의 영향인지 요즘처럼 흐리거나 비라도 내리면 모든 일상과 아울러 마음부터 차분해진다. 휘 오일장을 둘러보고 둥지에 들어와 이 마음을 놓치기 전에 지인들과 함께 나누고 싶어 편지를 쓴다.

올가을은
바람이 사납지 않아
나락도
단풍도
흔들리거나 쓰러지지 않으니
세상이 고요합니다

비가 많은
올 가을은
서두를 일도
바삐 가야 할 곳도 없으니

세상이 평화롭습니다

겨울 같은
깊은 꿈을 꾸는 듯
그지없이 평화로운 이 가을 붙잡아
전송합니다
오늘 평화로우소서

나도 와락, 단풍이 물든 이 촉촉한 가을 속으로 들어가고 싶은 생각이 들었다. 그러나 가면 또 어디를 얼마만큼 떠날 수 있겠던가?

# 그리움의 자격

옆에 없을 때에도 상대를 그리워하며, 그 사람이 자기 옆에 꼭 있어주기를 바랄 때만이 정말 연애하고 있는 것이다.
- 아리스토텔레스

올해는 많은 양은 아니지만 여기저기에서 은행열매를 선물로 받았다. 특별한 조리법에 사용하자니 정리하는 일이 번거로워 퇴근하면 몇 알씩 렌지에 익혀 먹던 것이 어느새 습관처럼 되어버렸다. 은행섭취 상식을 보면 하루 네다섯 알 정도 섭취하라 했건만 먹다 보니 특유의 식감 때문인지 때로는 50알 정도를 구워 생각 없이 먹고 있는 것이었다.

어젯밤에도 역시나 50여 알을 거침없이 먹어치웠는가 했더니 밤사이 어디가 어떻다 할 것 없이 속이 편치가 않았다. 통증 때문에 깊은 잠에 들지 못하고 일어나 인터넷을 검색해보았다. 요즘 날마다 50여 알씩 먹어치운 은행 때문은 아닌지 내심 걱정이었다. 은행을 과다섭취 했을 때에는 청산배당체에 중독될 수 있으며 현기증이 나거나 심장맥박이 빨라져 어지럼증이 나타날 수 있다는 검색결과였다.

일단 위험성이 나타난 현상은 아닌 듯하여 안심하고 잠들기에 열중했었다. 그러나 어느 때부터인지 곤히 한잠 자고나면 뒤척이다 날을 꼬박 새는 날이 많아졌다. 그렇게 뒤척이다 아침이려니 눈떠

보니 새벽 1시 20분, 다시 잠을 청해도 잠이 오질 않는다. 이런저런 생각 거듭하던 중 화장대를 뒤집다 옛날 휴대폰을 발견했다. 충전기랑 함께 보관돼 있어서 조심스레 꽂아보았다. 그런데 영혼은 없지만 통화기록과 주고받았던 편지들이 생생하게 남아있어 마치 추억을 더듬듯 매만지며 한참 동안 놀 수 있었다.

문득 '어머니 그리울 때 배터리만 끼워 모습만이라도 볼 수 있다면 얼마나 좋을까?'라는 생각을 해보았다. 우리는 서로 함께 있을 때는 귀하고 소중하다는 것을 깨닫지 못하다가도 헤어져 있거나 이미 그 사람이 이 세상에 존재하지 않을 때에는 비로소 소중함을 알고 그리워하게 된다. 그렇게 추억 속에서 현재의 내 삶에 힘이 되는 사람은 참으로 많다.

옛날의 기억과 추억은 그냥 지나가버린 과거가 아니라 나와 함께 부단히 성장하는 살아있는 생명체이며 뜻밖의 밤길에서 만난 길동무이자 인생길에 만난 또 하나의 동반자이다. 우리는 살기 힘들거나 큰일을 만나 헤쳐 나가기 어려울 때, 또는 사소한 일상에서도 우리는 흔히 '사람구실하며 살기가 어렵다.'고 말한다. 진정한 어려움은 기본에서 망가지지 않으려니, 힘들고 외롭지 않으려니, 힘들며 실패하지 않으려니 힘든 것이다. 사소한 것이라도 부끄럽거나 누구에겐가 늘 겹쳐 미안하게 신세지지 않고 살려니 힘든 것이다. 사람 사는 일도 마찬가지라는 생각이 든다. 세상은 자신이 설정해놓은 목표와 의지하고는 상관없이 끊임없이 경쟁하며 살아가는 것이다. 이것을 잘 수행하면 좋은 어른이고 잘 사는 사람으로 평가되지만 진짜 성공할 수 있는 기회나 진짜 어른이 될 기회는 쉽게 주어지지 않는다.

내면적인 성숙과 만족은 삶에 있어서 보여지는 증거가 되지 않는다는 의미일 것이다. 이런 느낌뿐만이 아니라 내 늙어가는 증거도 이제는 확연히 드러난다. 언제부턴가 재미있게 즐겼던 일들이 재미가 없어지고 있다. 어떤 특정놀이나 취미에 질리는 것이 아니라 모든 일에 대해서 흥이 빠지고 있는 현상이리라. 생각해보면 춤추고 노래하는 것을 얼마나 좋아했던가? 어느 때는 혼자서 노래방을 가도 서너 시간 정도는 거침없이 놀다오곤 했었다. 별일 아닌 일에도 설레며 즐거워했는가 하면 작은 일에도 기뻐하고 슬퍼하며 감동하던 시절이 분명 있었건만 이제는 큰일도 작은 일도 딱히 구분질 필요 없이 다 있을 수 있는 일이고 생길 수 있는 현상이라 여겨진다. 그저 건강하고 무탈하게 다툼 없이 살아가는 우리 사는 세상 모두가 감사일뿐인 것이다.

불현듯 한 해를 보내는 이맘때면 깊은 밤까지 엎드려 연하엽서를 써 붙였던 생각이 난다. 엽서 값도 우표 값도 필요 없이 긴긴 편지를 보낼 수 있는 오늘 휴대폰을 꺼내 지인들께 서슴없이 편지를 쓴다.

일월에나 십이월에나
내가 사랑하는 사람들이
건강한 모습 그대로라서
행복합니다

일월에 입었던 미니스커트
작아지지 않고
다시 입을 수 있어서

다행입니다

일월에나 십이월에나
내가 건강해서
그대에게 다시 편지할 수 있으니
정말
다행이고 행복입니다

십이월이 다 가고
또 십이월이 거침없이
다시 와도
늘 이랬으면 참 좋겠습니다

깊은 밤, 깊게 잠들지 못하고 서성이며 편지 한 장도 보낼 수 없는 어머니를 생각하며 오늘 하루 중에는 눈물에게 그리움의 자격을 주고 싶다. 그리고는 그 눈물 봇물처럼 터지지 않도록 가끔 하늘도 쳐다보아야겠다.

# 정직한 고백

나무가 고요하고자 하나 바람이 멈추지 않고,
자식이 효도하고자 하나 어버이가 기다리지 않는다.
- 한시외전

날마다 새벽 사우나에 들렀다가 출근하다 보면 가끔 참 보기 좋은 풍경을 만나게 된다. 아마도 모녀지간 같은데 딸도 누군가의 도움을 받아야 할 정도임에도 불구하고 노모를 모시고 목욕을 오시는 것이다. 그리고는 편안하게 눕혀서 어머니의 온몸을 매만지고 씻겨서 고슬고슬하게 탈의실에 먼저 모셔놓고서야 자신의 몸을 세신한다. 그뿐만이 아니라 나와서도 두 분은 끈임 없는 이야기로 마치 친구 같은 자매 같은 모습으로 다정다감하시다.

옆에서 출근준비를 하는 내게 "연예인보다 더 예쁘다."는 칭찬도 아끼지 않으신다. 내가 예쁜 것이 아니라 늙음이 보는 젊음이 아름다운 까닭이리라. 가끔 그림 한 폭을 감상하다보면 정말 아름답다는 생각을 하게 된다. 그러나 '내가 그림 속에 들어가 주인공이 되어있다면 저처럼 아름다울까?'라는 생각해보면서 시작되는 하루였다.

지난 7월 친정아버지께서 돌아가신 뒤 한동안 어이없고 허망하다는 생각만 했었다. 부모와 자식관계로 낳음과 태어남으로 맺어 살면서 단 한 번도 "나를 키우시며 내 아버지도 이러했으리라."는 생각을 해본 적이 없었다. 내가 자식 낳아보니 이러한데 왜 내 아버지는 그러셨을까? 부모되어보니 이러한데 왜 내 아버지는 그러셨을까?

남들은 부모 되고 보면 부모를 이해하게 된다는데 나는 부모가 되어 자식이 건장할수록 그럴 수는 없는 것이 내 아버지 같은 부모라 여겼었다. 아무리 생각해도 섭섭하고 혹여 돌아가신 후에라도 아버지에 대한 생각은 평생 변함없으리라 생각했었다. 아버지가 살아계시는 동안 그때는 정말 그랬었다. 그런데 웬걸 평생이 아니라 1년도 1개월도 아닌 아버지를 보내드린 며칠 후부터 내 스스로에게 쌓인 죄를 어찌 용서받으랴. 그러나 냉정하게 생각해보면 아버지께서 살아계시는 동안에는 내가 죽는 날까지 이런 생각 하지 못했으리라. 돌아가시고 가슴에 빈자리 하나 생겨난 후 그 자리에 채워지는 것이 후회와 반성이었다.

어쩌면 우리 모두에게 이것이 안타까울 수밖에 없는 부모님을 보낸 후 자식들의 현실일지도 모른다. 뿐만 아니라 우리 함께 사는 세상에서 이쪽과 저쪽으로 이별하는 일이야 미움이거나 아쉬움이거나 그리움으로 보내고 기다리다가 또다시 만난다는 기약으로 살아가고 있다. 그러나 이승과 저승과의 이별에서는 그냥 저냥 이별이 아니다. 이별을 한 뒤에는 아픔과 아쉬움은 물론이거니와 반성과 후회와 허무함, 그리고 떠난 이는 다시는 돌아올 기약 없기에 빈자리를 스스로 채워가야 하는 남는 자의 몫으로 아픔과 치유의 세월이 필요한 것이다. 그 치유의 세월이란 누구든지 누구와의 이별이든지 있기 마련이지 싶다.

아침 사우나에서의 풍경처럼 '내 어머니께서 살아계셨더라면 나는 그럴 수 있었을 것인가?'를 생각해보았다. 정녕 그림처럼 볼 수 있는 풍경은 아름답고 훌륭하지만 내가 주인공이 되어서는 참으로 어려운 일이었을 것이다. 기쁨 뒤에도 슬픔 뒤에도 때로는 내 자신의 늙음과 자식들의 자라는 모습 뒤에 어김없이 서 계시는 감히 눈물일 수밖에 없는 어머니일지라도 지금 살아계신다면 그림 같았던 아침 풍경 안에 모녀처럼 할 수 없었을 것임에 정직한 고백을 하고 싶다.

생각해보니 부끄럽거나 당당하거나 내가 나를 향해 휘두르는 회초리만큼 아픈 매는 없었다. 지난 세월을 담보로 이토록 아픈 그리움은 없었다. 오늘 무엇인지 모를 그리움이 차올라 숨이 막힌다.

새벽녘 보리쌀 한 되 이고 나서서
만져만 보다 오셨을
꽃가라 블라우스 옷이
아직 부지런한
어머니를 기다리고 있건만

가지런한 어물전에서는
닷새 동안 엮은 옹뎅이
둘러메고 나섰다가
배추지에 탁배기 한 사발 드시고 오셨을
조부님을 기다리고 있건만

물샌 딸아이 고무신
아들의 납부금 고지서

이런저런 생각으로
멜 없이 한바탕 휘 돌아오시던
아버지의 오일장

손 글씨로 쓰인 판매가격이
비스듬히 누워 있는 그 자리에
가슴 한 번 쓸어내리며
멜 없이 한 바탕 휘 둘러왔습니다

# 기억 속에서 꺼낸 향수

천하의 모든 물건 중에는 내 몸보다 더 소중한 것이 없다.
그런데 이 몸은 부모가 주신 것이다.
- 이이

소설이다. 눈 대신 또 비가 내리더니 온종일 안개가 자욱하다. 가을안개는 밥이라 했다. 오랜만에 맑은 날씨를 기대해 본다. 그동안 교회 운행만 봉사해오던 남편이 오늘은 예배까지 드리겠다니 안개가 걷히면 오랜만에 혼자서 보림사 한바탕 휘 둘러올 계획이다.

누구에게나 힘들거나 일상이 어수선하면 혼자서 극복해내는 방법이 있다. 미용실을 운영하다 학교 일반직으로 이직하여 정규직을 갈망하던 그때를 생각해보면 참 많이 힘들었던 것 같다. 그때 보림사에 가면 반겨줄 사람이 있거나 특별히 마음 비울만한 소재가 있는 것도 아니었건만 퇴근하면 거의 매일 다녀오다시피 했던 곳이다. 아마도 가는 길이 한적하고 보림사 입구가 병풍처럼 아늑하고 그윽함 때문이었으리라. 모든 것은 생각하기 나름이다.

어디를 가든 무엇을 하든 옆에 친구가 함께 있어야 한다는 생각을 갖고 있으면 잠시라도 훌쩍 다녀온다는 것이 번거롭고 어려울 텐데 늘 혼자이다 보니 오히려 누군가를 동반할라치면 신경 쓰이고 짐스러울 뿐더러 걸리적거리기까지 하다. 계획도 약속도 없이 자동차를 끌고 나갔다. 마치 몇 년 만에 친정집 나들이 가는 기분이었다.

왕복 3시간쯤 소요한 후 둥지에 들어와 보니 해질녘이다. 일곱 번째 시집『바람꽃 편지』를 발간하여 아직 문학관에 정리하지 못한 것이 내내 마음에 걸렸던 것, 내친김에 창고를 들썩거려 정리한 후 저녁식사 준비를 했다.

문득 어릴 적 어머니께서 쌀뜨물로 끓여주시던 미역국이 생각났다. 무엇이든 어머니의 손맛이 그리우면 그 향수어린 맛을 기억 속에서 꺼내어 흉내를 내 본다. 소고기를 국간장과 다진 마늘 충분히 넣고 볶다가 씻은 미역에 참기름 충분히 넣고 함께 볶는다. 그리고 나서 불린 현미를 믹서기에 갈아 쌀뜨물을 내어 넣고 푹 끓여주는 것이다. 가족 중 생일이나 맞아야 먹을 수 있었던 쌀밥도 아닌 보리쌀과의 반섞이 밥은 지금도 생각하면 흥분될 만큼 행복해진다.

그런데 오늘 하얀 쌀밥과 텁텁한 쌀뜨물에 끓인 미역국에 냉장고에 든 반찬을 가지 수대로 다 꺼내어 혼자서 고봉밥을 먹는다. 혼자 차려 혼자 받은 밥상에 뜬금없이 떠오르는 그림 하나가 있었다. 미역국 그릇 앞에 배추김치 가닥 쭉쭉 찢어 내 앞에 밀어주시던 어머니의 그림자가 문득 그리워진 것이다. 그러고 보니 올해는 비가 많이 와서 주위에는 김장이 빨라졌단다. 물론 김치냉장고 덕분이기도 하지만 유난히 비가 자주 오니 밭에서 배추가 썩는 모양이다.

우리 학교 텃밭에도 아이들이 실습 삼아 심어 놓은 배추와 무가 아이들 키 만큼 튼실하게 잘 자라 풍년이란다. 배추김치는 여러 김치 중의 대표적이면서 아주 기본이 되는 김치에 속한다. 비타민과 미네랄이 풍부할뿐더러 식이섬유를 다량 함유하고 있어서 소화에 좋은 정도는 누구나 아는 상식이지만 특히 김장철 배추를 준비할 때는 어떤 모양의 배추가 상품성이 있는 것인지에 대해서는 애매할 때가 있다. 어쨌든 좋은 배추란 푸른 잎이 많고 잎이 위로 펼쳐져 속으로 갈수록 노란 빛이어야 함에도 내 기억에 어릴 적 우리 집 김치는 유난히 푸른 잎이 많았던 것 같다. 나는 그때 부잣집 일수록 노란 잎이 많았다고 생각했었다.

지금 생각해보니 아마도 배추 농사를 지었던 땅이 기름질수록 실했고 폭이 좋다 보니 파란 부분보다는 속이 더 많았으리라 생각하면서 가끔은 혼자서 어이없는 웃음을 삼켜보기도 한다. 식품영양을 전공해서 식재료 고르는 상식을 알고 보니 햇배추는 배추 크기가 클수록 좋고 가을배추는 겹겹이 잘 싸여 묵직한 것이 좋다는 것도 알 것 같다. 그런데 배추김치 하나만으로도 부자와 가난한 집의 잣대로 생각했던 어린 시절이 참으로 웃지 않을 수 없는 안타까운 추억으로 안고 사는 내게는 지금 이렇게 훌륭한 밥상 말고도 주전부리가 지천이다. 대봉이 거실까지 들어와 홍시로 익어가고 렌지에 구워먹을 은행과 남편 동창회에서 보내온 고구마, 지난주 아들이 다녀가면서 사들고 온 빵이 그대로 있는가 하면 귤과 사탕 그리고 캔디, 고개만 돌려도 몸만 살짝 움직여도 먹거리가 지천인데 어찌 무엇을 부족하다 할 것인가?

피로하면 편히 눕힐 내 집이 있고 배고파 손만 뻗으면 먹거리가 지천이고 누워서 엎드려서 서울에 있는 손주 녀석의 움직임을 동영상으로 받아보는 이 편한 세상에 살아가고 있음이 축복이다. 이만큼 부자시대에 살아가고 있음이 감사이며 은혜로움이다. 이대로 깊은 잠에서 아침이 밝아오면 소설답게 흰 눈이라도 소복하게 쌓여 있었으면 참 좋겠다.

햇살과 바람이 드러눕고
하얀 참깨며 빨간 고추가
무지개처럼 드러누워
낙엽 한 장 쓸쓸함 마저
함께 드러눕는 가을마당은
풍성함과 그리움의 언어입니다

그 곁에
잃어버린 것도 없는데 허전함이거나
분명 함께인데 밀려오는
내 쓸쓸함까지 꺼내어
이 좋은 가을 햇살에
곱게 펴 말려보기로 합니다

다 꺼내고 난 그 빈자리
고운 언어로 가득한
그대의 가슴 하나면 되겠습니다

# 긍정적인 에너지가 명품세상을 만든다

이 세상에서 제일 중요한 것은
어떻게 하면 내가 정말 나다워질 수 있는가를 아는 것이다
- 몽테뉴

여전히 '나이를 먹다보니'라는 말보다 '철이 들다보니', 또는 '어른이 되다보니'라는 말이 민망하지 않고 어느 자리에서든 송구스럽지 않다. 그러나 젊다고 우기기엔 만나는 사람들 중 후배들이 더 많아지니 어떤 경우라도 살짝 물러서 주어야 할 자리가 살펴진다. 그러함에도 불구하고 나는 지금의 내 나이가 참 맘에 든다. 시나브로 지나간 젊음 안에 화려한 자랑거리도 평범해져가고 분하지도 않으며 따지고 대들어야 할 일들에 무심해져가는 것을 보면, 이제야 비로소 맑고 긍정적인 에너지가 흐르고 있음을 실감하기도 한다.

생각해보면 약점이나 작은 결점을 받아들일 수 없었던 모든 것들이 차마 부정적인 사고였음을 깨닫고 있으니 말갛고 온전한 자신이 이제 보이는 듯하다. 얼마 전, 아들의 책상에서 우연히 만난 책 한 권이 있었다. '오프라 윈프리 쇼'의 홈피를 마비시켰던 바로 그 책, '시크릿'을 만난 것이다. 나는 잠시 그 안에서 그야말로 소중하고 귀한 공감과 긍정의 무릎을 치고 말았다. 우리는 꿈도 생명이 있으며 아름다움도 생명이 있어서 우리네 꿈과 생각하는 아름다움이 물컹물컹 자라고 있음을 알아야 한다.

그래서 경험하고 싶은 일에 주의를 기울여야 한다. 그것은 에너지는 분명히 주의를 따라 흐르기 때문이다. 지금의 내 나이가 너무나 맘에 들고 좋은 이유가 여기에 있다. 살아갈수록 나 자신이 소중하기 그지없으며 끔찍하게 사랑하지 않을 수 없으니 이것은 온전한 내 기쁨일 수도 있다. 자신을 사랑한다는 것은 자만하는 것이 아니라 자신을 건전한 마음으로 존중한다는 뜻이다. 자신을 사랑하게 되면 자연스레 남도 사랑하게 되는 일이기 때문이다. 자신을 기쁘게 하고 기분이 좋아지는 일을 할 때 비로소 주변 사람에게 기쁨이 되고 만나는 사람에게 빛나는 모범이 되는 일이다.

기쁨을 느낄 때는 구태여 베풀려고 하지 않더라도 자연히 흘러넘치게 되는 것이다. 우리는 가끔 자신의 행복을 타인에게 맡겨버리는 경우가 있다. 그러나 상대인 그들은 단지 행복할 때 기쁨을 나눌 기회가 되어줄 뿐이다. 기쁨은 내 안에 있기에 원하지 않는 대상에서 관심을 차단하는 법과 그 대상과 관련된 감정에서 관심을 끊는 법을 터득하는 것 또한 중요하다. 삶 안에서의 삶, 그것은 오직 하나의 꿈을 향해 정주하여 성공할 수도 있겠지만 그 무엇을 이루기 위하여 꿈을 갖는다는 것, 그것은 대단한 긍정적 에너지와 흐름을 원하여 갖는 주의가 필요한 것이다. 누군가를 이해시키고 설득하는 것이 마치 내 존재감이 살아나는 것이 아니라 긍정적인 생각 안에서의 에너지가 자라는 나 자신의 삶, 그 자체가 살아가는 이유가 되어야한다. 단순히 꿈을 가지고 이루기를 원하기보다 그 무엇을 위하여 꿈을 갖는 것이 더욱 중요할 것이다.

자신을 사랑하는 일에서부터 기쁨을 느낄 때 비로소 긍정적인 에너지가 흐르는 것이며 그 안에서 우리는 함께 살아볼 만한 명품세

상이 될 것이다. (2010. 3. 4. 영암신문)

햇빛도 귀한 장마철
꽃도 귀한 계절에
꽃다운 대접도 받지 못하면서
연보랏빛 등을 이고 핀
깨꽃 닮은 여인이여

뼈가 자라는 사춘기 때
세상이 내게 다가와 부딪힐 때
부질없는 함성으로라도
단 한 번 대들지 못했던
여리디 여린 여인이여

어차피 세상은
스스로 다독이는 것이라
반대말도 없는 외로움에도
우락부락 볼멘 의지로
홀로 신음하며 피워 낸
깨꽃같이 아름다운 여인이여

집 앞 작은 텃밭에
참깨꽃 환히 피었다
슬픔이 아닌 슬픔이
가득해지는 오늘
내가 내게 귀한 편지를 쓴다

# 장과 졸

진짜 지도자는 인도할 필요성을 갖지 않는다.
즉, 그는 길을 가리켜 주는 것으로 족하다.
- 헨리 밸런차인 밀러

뜬금없고 관계없는 일 같지만 얼마 전 조리사의 업무와 관련하여 우연찮게 장과 졸을 생각하게 했던 일이 있었다. 그리고 문득 리더가 되려는 꿈을 키워가는 우리 아이들에게 전달하고픈 메시지가 떠올랐다. 전쟁을 본딴 놀이에 장기가 있다. 초나라 패왕 항우와 한나라 왕 유방이 중국을 차지하려고 싸웠는데 그 모습을 본따 만들었다 한다. 파란색의 초나라와 붉은색의 한나라가 포진하여 싸우다 내 편의 장을 지키고 상대의 장을 잡으면 이기는 게임이다. 장을 지키려고 모든 졸병들은 목숨을 건다. 무엇을 이용하여 적을 공격할까? 적의 포화를 무엇으로 막을까? 그것은 장의 작전에 달려있다.

졸은 필요하면 아무 때나 나가 싸워 죽도록 한다. 졸은 장을 지키거나 이기기 위한 작전의 소모품이나 마찬가지다. 한국전쟁 때 인천상륙작전에서 유엔군은 크게 이겼다. 미군과 한국의 해병대가 인천에 상륙하여 서울을 되찾는 큰 싸움이었다. 이 전투에서 목숨을 걸고 싸운 것은 해병대의 졸병들이었다. 구축함에서 내려 고무보트를 타고 물밀듯이 상륙을 했다. 적의 저항이 심했지만 죽기를 각오하고 밀고 나가 성공하였다.

그동안 수많은 졸병들이 목숨을 잃기도 했다. 그러나 그 공은 맥아더 장군에게로 돌아갔다. 싸우다 죽은 졸병들은 이름도 없다. 60년이 지난 오늘날도 맥아더 장군만 이름이 남아있지 그때 산화(散花)한 졸병들의 공은 어느 누구도 말 한마디조차 내놓지 않는다. 사람의 삶도 이와 닮았다. 크고 작은 집단에서 장은 항상 모든 결정권을 가지고 있다. 구성원은 장의 뜻에 따라 움직이게 되어있다. 공동의 목표를 향해 일사불란하게 일하는 게 최선의 방법이다.

그 집단의 성공은 모든 성원이 장을 중심으로 얼마나 굳게 뭉쳐 일하는가에 달려 있다. 장은 졸을 잘 만나야 일을 성공적으로 해낼 수 있고 졸도 훌륭한 장을 만나야 보람된 일을 할 수 있다. 영국의 넬슨 제독은 명 장병들이 있어 프랑스와 스페인의 연합함대를 물리칠 수 있었다. 유럽을 휩쓴 나폴레옹을 트라팔가 전투에서 이길 수 있었던 것은 전 장병이 제독의 지휘 아래 굳게 뭉쳤기 때문이다. 이순신 장군이 왜적과의 전투에서 모두 이길 수 있었던 것도 장군과 병졸이 서로 믿고 가족 같이 뭉쳤기 때문이다. 장과 졸이 마음이 합해져 그 힘이 몇 배로 커졌기에 이겼던 것이다.

지금 우리아이들 모두의 꿈은 장이기를 꿈 꿀 것이며 그 장이 되기 위하여 좋은 대학을 목표로 꾸준한 노력을 거듭하고 있다. 아울러 꿈 너머 꿈을 꾸어 이루어냈을 때의 보람도 중요하지만 장의 공적과 명성이 저절로 얻어지는 것이 아니다 라는 것이다. 높은 이름 밑에는 어려운 고비가 굽이굽이 숨어있다. 일을 성공시키려고 밤새워 짜낸 고뇌가 서려있다. 본연의 일 뿐만이 아니라 인간적으로도 졸보다는 섬세하고 따뜻한 가슴을 가져야 한다. 졸보다는 훨씬 관대하고 마음의 평수가 넓어야 한다.

잘못된 일에 대한 지적까지도 매끄러워야 한다. 상처주지 않고 깨닫게 하는 지혜로움이 있어야 한다. 나는 우리아이들이 이러한 모습으로 성장하여 인품을 골고루 갖춘 리더가 되기를 바란다. 역사적으로 이름을 남긴 훌륭한 장들의 업적을 쉽게 얻은 사람은 아무도 없다. 평생 그 분야에서 노력한 대가다. 졸도 물론 훌륭했다. 졸 없이 장이 혼자 이룰 수 있는 일은 아무것도 없으나 그 많은 졸의 이름을 모두 남겨 주기는 어려운 일이 아닌가.

장이 있는 곳에 졸도 있어야하고 졸이 있는 곳에 장도 필요할 것 같다. 장만 있어도 안 되고 졸만 많아도 쓸모가 없을 것 같다. 장과 졸이 알맞게 자리를 잡고 마음을 더해 나아갈 때 일이 잘 이루어지리라 믿는다. 나는 졸이어서 때로는 상처를 받기도하고 인정받지 못했을 때 생각보다 많이 아프기도 하지만 그러나 나는 졸이기를 바란다. 알맞은 자리에 졸의 자리가 있음도 중요하기 때문이다.

세상은
내가 아는 만큼 모두가 알고 있다
모두가 알고 있는 세상을
내가
말로 다 하려는 것은 구차한 일이다

이렇다고 주장하지 않고
왜냐고 따지지 않고
포도주가 익어가듯
말하지 않고 침묵하는 용기는

대단한 것이다

알고 있다는 것만으로도
충분한 세상
가장 편안하고 지혜로운 것은 침묵이다

# 죽음을 준비하면 희망이 보인다

"죽음은 아무도 피할 수 없다.
왜냐하면 삶이 만든 최고의 발명품이 죽음이기 때문이다"
- 스티브 잡스

외로운 것은 아닌데 무엇인지 모르게 허전하고, 불행한 것은 아닌데 까닭 없이 서글프고, 큰 변화가 있는 것도 아닌데 가슴이 균형을 잃고 벌떡벌떡 뛰기를 한 이틀, 부모님과의 끈을 놓치는 일은 곧 하늘이 한 번 무너지는 일이라는데 그 끈이 떨어질 징조였다. 그날 오후 아버님께서 작고하셨다는 소식과 함께 준비도 없이 내 의지와 상관없이 끈을 놓치고 말았다. 그리고 5남매는 같은 일상 속에서 하나 된 몸과 마음이 되어 정중히 배웅해드리고 있었다.

친정어머님과 시부모님과의 끈을 놓치면서 세 번의 하늘이 무너졌고 그 하늘을 다시금 들어 올려 살아갈 수 있음은 그때마다 나 자신은 조금씩이나마 성숙해졌으리라. 비단 내 부모님만 이승에서 저승으로 가는 것이 아니라 모든 인간이 태어나고 죽는 것이니 말이다. 이런 생각들을 하다 보면 옛날 우리 조상들의 죽음에 대한 철학이 새삼 우러러 보이기도 하다.

송나라 학자 주신 중의 인생 오계론(五計論), 즉 생계(生計), 신계(身計), 가계(家計), 노계(老計), 사계(死計)의 영향을 받은 오멸(五滅)이라는 철학이 인간 스스로를 품위 있게 했던 것 같다. 그것은 재물에 대한 욕심을 극소화하는 멸재(滅財), 살아오는 동안 남에게 크고 작은 원한을 풀어버리는 멸원(滅怨), 남에게 진 물질적 정신적 부채를 청산하는 멸채(滅債), 멸정(滅情) 등이다. 독일 노인운동의 대모 운루 할머니는 "옛 한국인처럼 안락한 마음으로 죽을 수 있는 노인이 없다."고 했다. 이러한 사실들을 더듬어보면 우리들의 삶에서 진리를 말할 때 죽음이야말로 진정으로 우리를 진리로 향하게 하는 등대일지도 모르겠다.

우리가 들고 나는 숨에서, 매 걸음걸이마다에 생각의 시작과 끝에서 삶과 죽음을 볼 때 또는 말 그대로 우리들의 삶에서 죽음을 대면할 때 진정으로 진리를 만나게 되지 않던가. 그래서일까? 최근 사회적으로 어떻게 죽는 것이 인간답게 죽는 것인가라는 문제의식이 대두되며 품위 있게 죽자는 웰다잉(Well-dying) 문화가 확산되고 있기도 하다. 그렇게 한 번쯤 죽음을 준비하는 마음으로 삶을 생각하게 되면 세상을 살아가는 자세가 달라질 것이다. 그것은 웰다잉이 웰빙으로 이어지는 충분한 이유가 될 것이기 때문이다. 역설적이지만 죽음을 준비하면 오늘 단 한순간도 헛되이 보내지 않을 희망이 보일지도 모른다는 말이다.

어느 시기부터인가 우리 사회에서 죽음은 입 밖에 내면 안 되는 말이 되었다. 아무런 준비 없이 죽음과 맞닥뜨린 상황에서 본인은 물론 남은 사람을 배려하는 여유를 생각한다는 건 불가능하기 때문이다. 스스로 죽음에 대한 충분한 준비와 주변 사람들을 위한 배려가 있을 때 그것이 품위 있는 죽음이라고 할 수 있을 것 같다. 자신의 흔적을 정리해가는 준비랄지 이웃과 자식에게 무엇은 남겨야 하며 무엇을 잊혀지게 해야만 하는지, 사람들에겐 최소한 자신의 죽음을 위엄 있게 맞을 수 있는 자존과 품위가 주어져 있지 않을까 하는 생각이다.

그리고 동시에 그것은 바로 나를 세상에 보낸 신에 대한 예의일지도 모를 일이다. 아울러 곱고 정갈하게 떠나신 아버님의 그 길에 자녀들과 함께 살아남은 자들의 줄에 서서 배웅해주신 고마운 분들께 깊은 감사의 마음을 전해드리고 싶다.

살면서 묵은 살림살이를
하나씩 정리하고
오래된 옷을
수시로 정리하면서

이렇게라도
내가 장만했던 내 흔적을
조금씩 조금씩 정리하며
살아갈 수 있음에 감사하다가

혹여
정리해야 할 사람은 없는지
나도 모르게
정리되어버린 내 사람은 없는지

오늘 문득
휴대폰 주소록을
중요하게 들여다봅니다

# 밥 짓는 시인, 꿈 짓는 조리사

공부 잘한 사람만이 사회에서 성공하는 것은 아니다.
배운 것을 응용할 줄 알아야 한다.
- 손자병법

오늘은 초등학교에서 고등학교로 임지를 옮겨 1개월이 되는 날이다. 태어나서 어느 때 한 번 떠나보지 않았던 고향을 지척에 두고 주소지를 옮기면서 오픈된 구속보다 갇혀있는 자유함을 실감했던 한 달이었다. 내 눈 아래서 아이의 가르마를 볼 수 있었던 초등학생들을 보아오다 한참이나 쳐다보아야 하는 청년기의 학생들, 더구나 이 나라의 엘리트를 양성하는 특목고 학생들을 만나게 된 것은 개인적으로는 참으로 뜻깊은 기회였다.

짧은 기간 동안 신입생 반배치고사를 치르는 과정에서 특목고 입학을 위해 얼마만큼의 노력을 해왔는지가 눈에 선히 그려지는 모습도 있었다. 그 가운데 오늘은 학생들이 가장 만나고 싶은 시인 중의 한 분인 김용택 시인께서 방문하여 문학강연을 하신다기에 함께 참여하기로 했다. 시인이 시인을 만나 듣고 배워야 할 이야기도 물론 많지만 더 중요한 것은 함께 참여하여 내가 삼시세끼 밥을 해 먹이는 내 아이들의 정서를 엿보고 싶었음이 나의 솔직한 참여 목적이었는지도 모르겠다.

오후 2시가 되어 김용택 시인께서 강연을 시작하는데 “우리나라

교육이념이 무엇인가?"라는 질문에 "서울대요."라는 한 학생의 장난기 어린 대답에 놀라지 않을 수 없었다. 비단 농담으로만의 대답은 분명 아니었을 듯하기 때문이다. 학생이 공부를 잘한다는 것은 참으로 중요한 일이다. 즉 공부를 잘한다는 것은 자기가 하는 일을 자세히 보는 일이다.

자세히 봄으로써 무엇인지를 알게 되며 그 무엇을 알게 될 때 비로소 내 것이 되는 것이기 때문이다. 그런데 공부를 아주 잘하는 학생들이 모여 특수분야의 전문적인 교육을 목표로 오로지 학업에 열중하는 학생들과 한 시간여 동안 강의를 들으며 나는 아주 중요한 것을 깨달았다. 신문을 볼 시간이 없이 학과 공부에 열심이어야 하는 우리 아이들, TV 뉴스를 식사시간에나 스치듯 볼 수 있는 우리의 우등생들은 과연 어느 때 사색을 하고 명상을 할 것이며 이 세상에서 지금 무슨 일이 일어나고 있는지를 어떻게 알 것인가를 생각해 본 것이다.

못다 한 숙제가 있더라도 밖에 나가 뛰어 놀라하면 하염없이 좋아하는 초등학생들에게는 그 순간만큼은 뛰어놀 수 있는 땅만 있으면 행복하고 신나는 것이다. 우리나라의 교육이념이 서울대라는 말이 선뜻 나오도록 만든 이는 과연 누구인가? 앞도 뒤도 돌아볼 틈 없이 인류대의 입학을 목표로 하여 잘 해내고 나면 그다음에 이 사회는 모든 것들을 보장하고 있던가? 선구자의 정직과 따라오는 후손들의 이념이 살아있을 때 비로소 21세기를 지배할 수 있는 힘도 생겨난다고 본다.

"가장 똑똑한 뇌는 자기 자신에 만족할 줄 아는 뇌라 한다. 사람들이 불행해하는 이유는 더 많은 걸 가지려하기 때문이다. 진짜 똑똑한 뇌는 자신만을 위해 기능을 쓰는 것이 아니라 다른 사람들, 모든 생명체와 하나가 되어 작동하는 뇌이며, 뇌는 서로 교감할 수 있는 의식을 갖출 때 진정한 행복감을 느낀다고 보았을 때 진정 우리 아이들에게 학과 공부만큼 예술적인 감성 또한 필요하다고 본다. 하나뿐인 정답을 위하여 고뇌가 아니라 모든 것들에 대한 작품화가 되어질 때 신념의 세상은 창조되어지리라.

고통이나 고난은
거절하고 밀어낼수록 크고 아프더라
시련은 어깨동무하여 품을수록
가슴에서 의욕으로 고동치더라

힘들어 견딜 수 없는 현실이
또다시
나를 꿈꾸게 하니
나이 들어
이쯤이면 안주해도 좋을 때는 없더라

까닭이 분명한 흔들림으로
다시 꿈을 꾼다

# 인생, 그 아름다운 중독

동기부여란 때로는 자신이 되고 싶은 모습을 그리는 것이고
때로는 다시 되고 싶지 않은 것에 대해 생각하는 것이다.
- 쉐인 니마니어

영국의 시인 키츠는 시인을 두 가지 종류로 분류했다. 그 첫째는 워즈워드처럼 자신을 내세워 창작을 하는 시인으로 주관이 뚜렷하고 개성이 강하여 작품에서도 개성과 주관이 분명히 드러난다. "강한 개성이 드러난 숭고함(egotistical sublime)"이라 하기도 했다. 두 번째로 또 다른 시인의 부류로는 셰익스피어를 꼽았다. 그는 위에 든 시인과는 정반대의 특성을 가지고 있어 개성은 없으나 자신도 그와 같은 시인의 특질을 갖고자 했다.

키츠는 이러한 시인의 능력을 "마음 비우기 능력(Negative capability)"이라고 부르고 특히 셰익스피어처럼 위대한 업적을 남긴 작가가 이러한 특성을 가지고 있다고 말한다. 이렇듯 사람의 개성이나 특성은 작가의 작품 성향뿐만이 아니다. 우리의 삶은 시작과 끝을 반복하는 가운데 그 사람의 이미지를 만들어가는 것이다. 시작하는 것 같지만 그 끝을 준비하는 것이고 끝나는 것 같지만 또 다른 시작을 준비하는 것이다. 그리하여 우리는 삶에 중독이 되어가는 것인지도 모른다.

초조함에 대한 중독, 성급함에 대한 중독, 콤플렉스에 의한 중독,

우리는 우리에게 주어진 끊임없는 중독으로부터 자아든 타아든 간에 범위를 넘어서 그것을 치료해나가고 있고 또 치유와 함께 새로운 중독의 삶을 살아가고 있는 것이다. 자신이 알고 자신이 인정하고 있는 것은 진정한 중독이라 할 수 없다.

진정한 중독은 이성과 감성으로 극복하기 어려운 상황인 것이다. 그래서 우리는 중독에 빠지는 것과 근접하는 것에 신중해야 될 필요가 있다. 사람의 마음은 양파와 같다. 마음속에 가진 것이라고는 자존심밖에 없으면서, 뭔가 대단한 것을 가진 것처럼 보이려 애를 쓴다. 그리고 그 자존심을 지키기 위해 고집부리고, 불평하고, 화내고, 서로 싸우고 다투기도 한다. 대개 이기적인 사람, 자존심이 강한 사람들은 상대방도 자신과 같은 마음이라 생각하며 구태의연한 타성에 젖어 나 아닌 것은 받아들이지 않는다. 물론 인정하지도 않으며 독단적일 수 있고, 홀로 최고위치라 여기거나 나 아닌 다른 이 위에 군림하고자 하는 망측한 생각을 할 수 있다. 꼭 나여야만 한다는 고집 말이다. 그러나 마음의 꺼풀을 다 벗겨내면 무엇이 남더란 말인가?

사람이 자존심을 버릴 나이가 되면 공허함과 허무가 남는다고 한다. 그리고 그 하나하나를 벗겨내는 데는 많은 시간과 아픔이 따를 뿐더러 그러함에도 불구하고 세상을 살면서 반평생은 자존심을 쌓고, 다시 그것을 허무는 데 남은 반평생을 보낸다. 그리고 힘든 인생이었다는 말을 남기고 가는 것이다. 자신 안에 가두고 있는 자존심을 반평생이전에 빨리 서둘러 허물 수 있다면 우리는 "마음 비우기 능력(Negative capability)" 안에서 많은 시간과 기회를 얻게 되는 것이다. 물론 평판에 의한 자신도 무시할 수 없을 만큼 중요하다. 겸손과 욕심을 버리는 중독, 세상은 어둠과 밝음이 공존하듯이 부정과 긍정이 함께하는 것이다.

남의 햇빛과 바람을 끌어다가
내 가슴에 가득 채우고
남의 기쁨과 슬픔까지도 끌어다가
내 심장을 뛰게 하였다

바람만 모여 있는 겨울 응달에
붉은 베고니아 눈에 담아
내 인생인 냥 황홀해 하고
울고 있는 새소리 노래한다고 썼으며
웃고 있는 새소리 울고 있다고 썼다

그리고
내 명함에 시인이라 적어둔다

# 제4부
# 명상으로 세상 들여다보기

## 명상으로 세상 들여다보기

명예심에 마음이 들뜬 사람은 평온에 대해서는 문을 닫는다.
- 중국 속담

제법 겨울 티 나는 아침이다. 두 손이 자꾸 주머니 속으로 들어간다. 내게 겨울은 좋은 사람 손잡고 주머니 속에서 손가락을 함께 꼼지락거리고 싶은 그런 그림이 좋다. 날씨가 추워지면 주위는 한층 여유롭고 헐렁한 느낌이다. 그리고 주말과 연말을 알리는 멘트 있는 주변 인사들, 그러나 동요 없는 내 가슴, 해가 거듭할수록 딱히 의미가 있거나 특별한 날이 거의 없다.

생각해보면 산다는 것은 모든 것이 되풀이되는 일상 같다. 밤 되면 자고 아침이면 어김없이 일어나 일상을 찾아 움직이며 씨앗을 뿌리고 번성케 해놓고 그렇게 늙어 죽는 과정을 치열하게 반복하며 살아가는 것, 그중에 나는 그의 중심체가 되어 나름대로 내 의지대로 그림 한 장 완성해가는 것이 아니던가? 산다는 것이 어떤 것인지 사람으로 산다는 것이 어떤 것인지 인생 다 살아놓고도 모르는 것이 당연한 것을 유난히 알려 하고 몰라서 아득해했던 어릴 적 기억이 참 안타깝다.

살다보면 세월과 함께 시나브로 알게 되고 삶과 함께 자연스레 눈이 떠지는 것을, 반세기를 살아왔음에도 똑같은 실수를 반복해놓고 돌아서서 무릎 치는 이 안타까움을 어쩌랴. 조금 안다 싶으면 아무것도 모르고 있음을 깨닫고 누군가를 알아가다가도 한순간 그 사람의 왜곡된 부분이나 비틀거리는 부분을 발견이라도 하게 되면 실망하고 내 믿음에 내가 상처 받기도 한다. 모두가 이렇게 사는 것이며 사람으로 산다는 것이 어렵다고 느끼면서도 사람이기에 사람으로 살려고 노력하는 것이 아니던가 말이다. 인생이란 모르니까 사는 것이며 나는 나로 사는 것이 옳다는 생각이다.

오늘 어떤 이는 "요즘 집에 혼자 있으니 평화롭기 그지 없다."는 말에 또 다른 이는 "혼자 있기를 좋아하면 치매나 우울증이 오기 십상이니 그러지 말라."는 충고까지 하고 나선다. 그러나 보편성과 떨어진 특별한 현실이 적용될 수도 있는 것이 사람 사는 일 아니던가. 생각해보면 사람으로 하여 즐겁고 행복했다가도 사람으로 하여 스트레스를 받아 건강까지 망가지는 경우를 우리는 적잖게 볼 수 있다.

사람의 성향이 제각각이라서 어디든 본인이 나서서 무슨 일이든 해야 직성이 풀리는 사람이 있다. 어느 행사건 앞서 나가 가슴에 꽃이라도 한 송이 달고 마이크 잡고 인사말 한마디쯤 하는 것이 마치 족보에 남을 만큼 대단한 삶의 의미라 여기는 사람들이 보통사람들의 생각이다. 어떤 귀하고 명예스러운 일도 임기가 있어서 그 기간이 지나면 꽃피는 봄이 왔다가 낙엽 지는 가을이 오듯 사람이건 명예건 모든 흔적들이 바람처럼 지고 마는 것을 흔들리는 것보다 흔드는 일에 더 보람을 느끼고 좋아하는 것이 보통사람들의 사는 이야기이다. 그런가하면 있는 듯 없는 듯 그러면서 자신의 역사를 아름답게 완성해가는 일에 삶의 많은 에너지를 쏟는 알짜배기 사람들도 우리 주위에서는 참으로 많이 볼 수 있다.

2012년 문학관 <월출산 여우네>를 개관하고 요즘 나는 새로운 계획을 세우고 있다. 지금의 본체를 넓은 마당으로 만들고 여우네를 바라보는 한쪽으로 천장이 낮은 집 한 채를 짓는 꿈을 꾼다. 여우네는 유난히 천장이 높은 집으로 설계를 하여 지었다. 내가 잠들 집은 유난히 천장이 낮은 집을 짓고 싶다. 그리하여 천장 높은 내 문학관처럼 항상 높은 꿈을 꾸면서 천장 낮은 내 집처럼 항상 낮은 마음으로 아늑하게 살고 싶다.

세상을 보는 방법에는 두 가지가 있다고 한다. 그것은 명상과 사랑이란다. 명상은 자기 안으로 들어가서 자기의 본 모습을 찾는 것이고 사랑은 상대와 내가 하나 되어서 상대 속에 있는 진짜 모습을 보는 것이라는데 그렇다면 나는 당연히 명상으로 나와 세상을 들여다보고 싶다. 소란스럽지 않게 모든 것이 혼자일 때 평화롭고 자유스러우니 매사에 혼자 있는 그것만으로도 명상의 삶을 살아가고 있는지도 모르겠다.

온종일 꾸물꾸물한 이런 날에는 맛깔스러운 비빔밥 같은 수필 한 편 써냈으면 좋겠다. 갖가지 채소와 양념, 갈아 넣은 부드러운 고기와 적당히 섞어 비벼놓은 비빔밥은 눈으로 먹어도 또는 입으로 먹어도 먹음직스럽다. 요즘처럼 분위기는 화려한데 날씨는 꾸물거려서 일상에 입맛을 잃어갈 때 그런 수필 한 편쯤 턱하니 써서 누구라도 읽어보고 싶은 충동을 느끼는 소득이 있는 날이었으면 좋겠다. 일기를 쓰면서 내 일상을 기록하기보다는 생각을 더 많이 표현하는 이유도 여기에 있다.

독자가 되기는 어렵지만 이웃이 되어 사생활을 넘어다보고 무엇이 흠이 되나 살펴보는 것에는 모두가 흥미로워하기 때문이다. 오늘도 내 흠을 살짝 살짝 들춰보며 이렇게 고독한 듯 찰진 자급자족하는 시인의 꿈은 아직 햇살 좋은 날 바람으로 인하여 물을 머금는 물푸레나무처럼 자라고 있다.

꽃잎 같은 고운 언어가
귀를 통해 들어오면
언젠가는 분명
내 입을 통해 나가는 것처럼

꽃 같은 아름다운 이야기를
가진 사람을 만나고 나면
반드시 가슴으로 들어와
내 안에 집을 짓는다

시처럼 언어가 고운 사람과
수필처럼 좋은 이야기를 가진 사람과
함께 일상을 나눈다는 것은
삶 중에 큰 축복이다

# 낭만과의 교제

꽃은 반쯤 핀 것을 바라보고 술은 반쯤 취하게 마신다.
그 속에 아름다운 향취가 있다.
- 채근담

퇴근길에 혼자서 선술집에 들렀다. 사람이 그리워서 술을 마실 때가 있다. 좋은 사람들과 찰진 대화가 그립고, 그런 분위기가 그리울 때가 있다. 또는 술이 그리워서 사람을 찾을 때도 있다. 그러나 술이 그리워서 함께 마셔줄 이 사람 저 사람을 흔들어본다는 것은 혼자이기에 두려움인지도 모를 일이다. 그 때문일까? 혼자에 익숙하기 위하여 혼자 술을 마시러 선술집에 들렀다.

혼자 마시는 술을 위험이거나 청승이라 말하지만 나는 낭만이라 여기고 싶다. 무슨 특별한 고민이 있거나 힘든 일이 있어서가 아니라 그냥 술 한 잔이 생각날 때는 누가 시비를 걸어올 이유도 없지만 누가 보거나 말거나 신경 쓰고 싶지 않다.

생태탕 한 그릇을 주문했다. 벽에 붙은 원산지 표시를 읽어보니 '생태-러시아산'이라 쓰여 있다. 주문한 일인분의 생태탕이 나왔다. 작은 옹기 속에서 허리를 구부리고 누워있으나 아직 눈을 감지 못하고 있다. 자기네 땅 러시아 바다를 누비던 한 마리의 생태가 내 앞에서 몸을 낮추고 꼼짝 못 하는 것을 보니 남의 나라에까지 몸 바쳐 온 생태의 신세가 기막히다는 생각이 든다. 그러나 이 좁은 나라에서 앉으면 본인 자랑 자식 자랑에 잘난 놈들 외면하고 혼자 러시아산 생태 한 마리 옹기 속에 넣어두고 앉아있으니 내 하나의 술상이 그지없이 평화롭다.

혼자서 거듭 거듭 잔을 채우며 어렴풋이 생각나는 어젯밤 꿈을 돌이켜 생각해본다. 가끔씩 연락오던 여고 동창생의 소식이 요즘 뜸하니 무슨 일이 생긴 것은 아닌지도 생각해본다. 약간의 취기가 오르니 돌아가신 어머니 고생시켰다는 이유로 아버지를 그렇게도 못마땅해 하시던 이모들의 안부도 궁금해진다.

성격이 대쪽 같아 둥글고 고르지 못해 내 아버지가 나도 싫었던 것은 사실이었지만 그것은 부모님께서 살아계시는 동안에는 결코 철들지 않을 자식들의 마음이려니와 내 아버지의 험담을 남이 하는 것은 용서할 수 없는 것이 세상 모든 자식들의 마음일 것이다. 달달하게 취할 때쯤 주인아주머니가 맥주 한 병을 들고 앞자리에 앉는다. 요즘 들어 혼자서 자주 들락거리다 보니 낯이 익혀지고 이집 여자 주인이 나보다 한 살이 어리다기에 친구하기로 물꼬를 튼 사이였다.

내 술은 내가 마시고 주인댁은 본인이 들고 온 본인 술을 마신다. 술자리 풍경으로 보아서는 참으로 인정머리 없다 할 수 있겠으나 때로는 그지없이 편할 수도 있는 경우이다. 이렇게 주인댁이 스쳐간 초저녁 시간이 지나자 탁자에 손님들이 채워지고 있었다. 그런데 이런저런 선술집의 손님들을 보니 내가 사는 동네의 나도 몰랐던 정서가 사람들의 몸에서 말에서 행동에서 묻어나고 있었다.

각양각색의 사람들의 입맛에 맞추어 말대답을 해주고 음식을 고루 가춰주고 있는 주인댁 아주머니가 누구보다 참 잘살고 있다는 생각이 든다. 돈을 벌기 위해서 누구든지 아무나의 비위를 맞추기는 참으로 어려운 일이 아니던가? 속으로 구겨진 자신만의 사연 없는 사람이 어디 있으랴.

어쨌든 흔연스럽게 현실에 충실하고 있는 모습이 어째서 나의 감사가 되어 내 가슴에 박히는 것인지 모를 일이다. 선술집에 퍼내는 손님들의 각양각색의 이야기와 그들의 피곤에 지친 모습들이 어째서 내 일상이 되어 내 가슴에 박히는 것인지 알 수 없는 일이었다. 동네 술집이지만 자동차를 몰고 왔으니 긴장이 이만저만이 아니다. 더 취하기 전에 서둘러 둥지에 들어가야 할 일이었다.

둥지에 들어 와보니 모란촌 문학회원님께서 연간집을 보내왔다. 그분은 아들 고등학교 미술선생님이셨고 남편의 학교 선배이면서 내 문단 선배님이시기도 하다. 문학회 연간집 한 권을 신들린 여자처럼 읽고 난 후 반가움과 감사로 단박에 전화를 드려서 요즘 서로의 근황을 이야기하며 한참 동안 통화를 했다. 그렇다. 오늘 같은 날, 혼자 찾은 선술집에서 내 잠자리까지 따라와 함께 해준 일상의 가치는 나만이 느낄 수 있는 찰진 낭만과의 교제였다.

어느 독자가
내가 쓴 시집한 권을 달라더니
주머니를 들썩들썩
만원을 꺼내 준다
책값이란다

가장 가난했을 때와
가장 풍요로웠을 때의 이야기를

또는
가장 외로웠을 때와
가장 아팠을 때의 상처조차
아끼고 아껴서
밥처럼 끼니처럼
가슴으로 퍼내 놓은 것을
어찌 책값이라 받아
내 주머니에 넣을 수 있겠던가

차라리
그 돈으로 소주를 사 준다면
나는
소주의 자식으로 시를 낳겠다

# 언어의 아름다움이 생명의 아름다움이다

사람은 누구나 그가 하는 말에 의해서 그 자신을 비판한다.
원하든 않든 간에 말 한마디가
남 앞에 자기의 초상을 그려 놓는 셈이다.
- 에머슨

우리는 자신에 대한 표현을 할 때 여러 가지 방법이 있다. 글이나 그림, 혹은 몸짓으로 하는가 하면, 그중 가장 일상적이며 쉽고 편리한 말이라는 수단을 주로 사용한다. 어떤 학자는 사람이 평생 5백만 마디의 말을 한다는 연구결과를 내놓기도 했다. 그만큼 사람은 누구나 언어 속에서 살아간다. 하지만 살아가며 느끼게 되는 것은 누구나 같은 언어를 가지게 되는 것은 아니라는 사실이다. 만나보면 자신만의 매력적인 아우라로 상대를 혹하게 하는 사람이 있는가 하면 그 만남 자체를 실망스럽게 느껴지도록 하는 사람도 있다.

그것은 그 사람이 가진 생각의 깊이와 어떤 언어를 가지고 어떻게 사용하는지에 따라서 말이나 또는 글로도 바꾸어볼 수 있기 때문이다. 우리가 음식을 먹을 때도 눈으로부터 먼저 먹듯이 말도 가슴으로부터 먼저 한다. 그래서 올바른 생각을 많이 하게 되면 올바른 말이 나오게 된다. 사람이란 본시 자기 입술의 열매를 먹고 산다지 않던가? 말에는 메아리의 효과가 있어 자신이 한 말이 자신에게 가장 큰 영향을 미친다는 뜻일 것이다.

체로 거르듯 아무리 곱게 말해도 불량률은 생기게 마련이기에 자신과 함께 뭉개어 살아가는 언어의 선택과 습관은 참으로 중요한 것이다. 새소리는 부딪히는 법이 없건만 보이지 않는 사람의 말과 글 곧 마음이 부딪히고 상처를 주고받으며 차마 그것을 인지조차도 하지 못하며 살아가는 우리네 삶이 참으로 안타까울 때가 많다.

뛰어난 실력과 능력이 있는 사람이 말로 인해 쉽게 무너지는 모습을 종종 보면서 항상 말의 중요성을 절감하는 것이다. 곧 말이란 것이 그 사람의 평판 기준이 되기도 할 만큼 중요함을 항상 인지하며 살아야 할 일이다. "나는 할 말 다 했다."라며 어떤 대립의 상황에서 자신 있게 말하는 사람을 종종 볼 수 있다. 그러나 할 말 다 했을 때 걸러내지 않아서 필요치 않은 말들이 많은가 하면 참음으로 스스로 정화되는 감정으로 따뜻하게 남게 되는 경우가 더 아름다운 것이다. 좋지 않았던 일이거나 상처가 된 일들은 세월이 지나면 거의가 과정은 그다지 중요하거나 생각도 나지 않을 만큼 잊혀지게 되지만 그로인한 그 사람의 이미지만은 남게 될 때가 있다.

그런가하면 자신이 인지하지 못하는 가운데 말 한마디로 이웃에게 많은 상처를 주기도 한다. 남이라면 아무리 분해도 침 한 번 꿀꺽 삼키고 말 일을 가족이어서 참지 못하는 일이 또 얼마나 많았던가? 서로 허물없다는 이유 때문에 부담 갖지 않아도 되는 편한 관계라 하여 발가벗은 감정을 폭발시키는 경우 내 가까이에 있어서 나 때문에 다치기 쉬운 사람들을 우리는 자주 돌아보며 살아야 한다. 불을 지른 쪽은 멀쩡할 수 있지만 불에 휩싸인 쪽은 화상을 입기 마련이며 불길에 가장 가까이 있는 사람이 더 크게 화상을 입는 법이니 말이다.

세상에서 만난 모든 사람들과의 시작은 사랑이었다. 살다보니 다투거나 서러워서 흘리는 슬픔의 눈물과 위로가 되어 보듬어주는 마음에 기뻐서 흘리는 행복의 눈물을 우리는 끝없이 흘리면서 살아가게 되는 것이다. 누구에겐가 상처를 받는 것과 주는 것은 동전의 앞면과 같다. 상처를 거부하는 의연함을 기르기 위해서는 먼저 상처가 가진 이중적인 의미를 구분할 줄 알아야 자신으로부터 남을 향하는 상처도 인지하게 되는 것이다.

마음이 넓어서가 아니라 의도적으로 참아주고 품어주고 바라봐주며 들어주다보면 어느 사이 자신이 성숙해가고 있는 것이다. 그것이 자신만의 깊이를 가지게 되는 것이며 또한 그것은 남은 인생의 분명한 색깔로 굳히게 될지도 모를 일이다. 문득 이런 이야기가 생각난다. 어느 집에 금덩이를 주었더니 웃음소리가 밖으로 새어나오지 않았다한다. 왜냐면 그 집에 금덩이가 있는 것을 알고 도둑이 들까봐 걱정이었기 때문이다. 그런데 예쁜 아이를 주었더니 건너 마을까지 웃음소리가 울리더라는 것이다.

이러한 이야기는 생명의 아름다움과 중요함을 암시한다. 학교폭력이 요즘 치고 패고 하는 폭력이 줄었는가 하면 스마트폰이나 에스 엔 에스 또는 카스를 공유하면서 글로 인한 언어폭력이 더 심해지고 있는 심각한 현실을 볼 때 우리는 살아가는 동안 좋은 언어랑 잘 놀아야 한다. 언어의 아름다움은 귀한 생명의 가치를 존중하는 생명의 아름다움이기 때문이다.

아들에게서
언뜻 남편의 모습이 보이고

말하는 모습에서
문득 내가 보입니다
참 많이 닮았다 싶습니다

나를 트고 나간 자식이 나를 닮듯
내 가슴을 트고 나가는 말은
나를 닮은 말의 자식을 낳습니다

내게서 나간 말이
듣는 이의 유전자를 닮은
말의 자식을 낳는다면
선하고 고운이의 유전자를 닮아
내 자식을 바라보듯
흐뭇했으면 참 좋겠습니다

# 시인, 그 황홀한 이름으로

세상에는 두 종류의 시인이 있다.
하나는 교육과 실습에 의한 시인, 우리는 그를 존경한다.
또 하나는 타고난 시인, 우리는 그를 사랑한다.
- 에머슨

옛날 중국 당송시대의 8대 문장가로 꼽혔던 '한유'라는 사람은 "하늘 아래 쫓기어 나오지 않은 명문이 없다."라는 유명한 말을 남겼다. 길을 가다가도 차를 세우고 떠오르는 이야기를 메모하고, 대중탕에서도 문득 뛰어나와 단 한 줄의 생각이라도 붙잡아 두었다가 쫓기는 시간 속에서라도 작품을 쓰는 이유는 이와 같은 이유가 잠복해있는 것이 아닐까.

벌써 10여 년 전부터 항상 내 이름의 언저리에 시인이라는 꼬리표를 얻게 되었다. 막상 등단을 하여 "박 시인"이라 불리어졌을 때 흡족함보다는 내가 어느 작가를 부르고 있는 호칭처럼 어색하기 그지없었다. 그것은 어려서부터 시인은 하늘에서 내려준 이름이라 알고 있었다. 수필이나 소설과는 달리 시를 쓴다는 것은 노력해서 되는 희망사항이 아니라는 것과 어느 정도 끼와 재능이 타고나야 된다는 뜻으로 알고 있었기 때문이다.

초등학교 3학년 때 단풍잎에 관한 동시를 써서 내 작품이 교실 뒤쪽에 시화로 만들어져 걸어두었고 중, 고등학교 때 역시 교내 백일장이 열리면 항상 장원의 자리를 차지했지만 장래 시인이 되겠다는 꿈을 가져보지는 않았다. 지나치게 원칙대로 살아오는데 익숙해진 나는 내 자신이 정서적으로 메마르고 강한 사람이라는 생각도 많이 잠재해 있었으리라. 결과를 미리 걱정하는 습관 때문에 삶을 즐기고 모르는 것을 하나하나 알고 깨달아가는 그 통렬한 재미를 맛보기보다 최선을 다해 인내하고 노력하면서 어쩌면 살아 내는 것이었는지도 모르겠다.

그런데 시인이라는 꼬리표를 달게 된 그 어느 날부터 내 안에 나를 발견하여 어깨동무하고 있는 것이 아니던가. 이른 봄 언 땅을 뚫고 솟아나는 여린 연초록 이파리를 보며 자연의 신비 앞에 발을 멈추기도 하고, 가끔 늦은 밤하늘을 올려다보며 여전히 빛나는 달과 별을 향수와 함께 가슴에 품기도 하는 내 안의 내가 분명 살아 꿈틀거리며 요동치고 있음을 알았다. 일상 속에서 함께 있어도 외로운가 하면 가끔은 이유도 없이 가눌 수 없을 만큼의 눈물을 흘리며 펑펑 울면서 흐느적거리면서도 자신의 감정에 충실하고 있는 내가 점점 맘에 들기 시작했다.

나는 순간 황홀이라는 말을 깨달았다. 내 안에 내가 얼마나 순수하고 자유하며 생기가 오롯한지를, 사람의 길이 결코 책 속에만 있는 것이 아님을 깨달은 것이다. 내가 아는 하찮은 지식의 창으로 한세상을 들여다보는 어리석음이거나 누구나 유유자적 게으르게나마 시간을 즐길 권리가 있음을 새롭게 알아 가는 것이었다. 참아내기 위하여 감정과 욕망을 억압하는 것이 아니라 지나치지도 모자라지도 않게 자신의 가슴을 펴내고 다스리는 순수한 사람의 길이 내 안에서 느껴졌다.

발아래 작은 미물에게라도 시간을 나누어주고 투명한 푸른 하늘에 눈길을 주기도 하며 매순간 눈앞에 살아 움직이는 삶의 지극한 경지와 숨결을 섞을 때 나 또한 순간순간 생생하게 살아있음을 황홀함을 깨달은 것이다. 퇴계의 좌우명이라 알고 있는 '신기독(愼其獨)'이라는 말을 배웠던 기억이 난다. 중용에 나오는 주자의 말로 "도를 지키고 따름에 있어 혼자 있을 때라도 더욱 삼간다."는 말이라고 한다. 다른 사람과 함께 있을 때는 낯부끄러운 일을 하지 않으려고 정신이 바른 듯, 마음이 넓은 듯, 의지가 굳은 듯 행동하지만 혼자 있게 되면 흐트러지는 것을 경계한 뜻인 모양이다.

그렇듯 세상이 나를 증명해주는 것은 내가 걸어온 길밖에는 아무것도 없다. 그런데 진정 내 안의 나를 증명해 줄 수 있도록 크나큰 단서를 제공해줄 시인이라는 그 이름이야말로 내겐 참으로 황홀한 것이다. 한 아이가 잘 되려면 잘 먹이고, 잘 입히고, 교육을 잘 시키기보다는 가족이나 이웃을 잘 만나야 한다. 이미 불우하게 태어나 배고픈 유년기와 고생스런 청년기를 가진 것이 내게는 행운이었고 바람처럼 스쳐지나간 그때 그 사람들이 머무는 이유를 묻기보다 고픈 배를 먼저 생각하는 여유와 배려를 알게 해준 인연으로 진정한 행운이었다. 아파서 글을 쓰는 사람, 그 아픔까지도 다시 글로 쓸 수 있어서 자발적인 고난과 함께 다가온 축복이었던 것이다. 글을 쓰면서 지나치게 멋을 내려 수식하지 않으려 한다.

진솔한 삶을 맛보지도 않고, 느껴보지도 않고 산뜻하게만 채색하려다 본래의 뜻을 저버리고 그릇된 뉘앙스를 풍기는 일이 없도록 노력하면서 내게 주어진 황홀한 그 시인이라는 이름으로 진솔함만을 차근차근 담아낼 것이다.

기력이 떨어지고 정신이 혼미합니다
그때 마주 보고 있던 지인이
"날마다 시를 쓰세요?"라는 질문에
문득
실꾸리 하나 쓰윽 풀려 굴러갑니다

시를 쓰는 일은 의욕입니다
내가 누구인지를 혹여 잊어버릴지 몰라
거짓이 아니라는 것을 믿지 않을지 몰라
시로 가슴을 펴내는 것입니다

저문 계절에
저버린 꽃잎 다시 피워내는 일이
시를 쓰는 일이라면
저승의 별로 뜬 작가의 시를
다시 읽어주는 독자가 있다면
시인은
죽어서도 시를 쓰는 것입니다

이것이
시를 쓰고 있는 이유의 전부입니다

# 30년 된 남편

아내를 다룰 줄 모르는 남자는 참으로 불쌍한 사람이다.
- G. 코울리지

남편과 30년을 함께 살았다. 남편은 낙천적이며 매사에 급한 것도 중요한 것도 없으며 욕심이 없어 보이는 사람이다. 반면 나는 성격이 매우 급하고 행동이 빠르며 무엇을 하든 정확하게 하길 원한다. 무엇이 더 중요한지 급한지를 판단해서 단박에 부딪히고 처리하기를 원한다. 그래서 남편과 30년을 함께 살았음에도 늘 남편에게 편안함보다는 피곤한 아내였다. 내가 보기에 답답해보이는 남편의 성격과 습관이 내게 맞추어지기를 바라는 욕심으로 수시로 부딪히며 살아왔다.

참 무던히도 노력한 듯하고, 겉으로는 온순하고 아내의 말에 대충 넘어가주는 듯 하는 남편이다. 그렇지만 결적적인 순간에는 본인이 하고 싶은 대로 하는 그를 보면서 때로는 내 자신도 내 맘대로 할 수 없거니와 내 마음 나도 모를 때가 있음을 절실히 느끼며 살게 된다. 남편과의 결혼 30주년을 맞으며 딸아이를 출가 시키고 보니 우리부부가 만나 적잖은 세월을 함께 살아온 동안 무릎 치는 깨달음이 참 많았다. 살아보지 않고는 깨달을 수 없는 30년 부부로서의 삶이었다. 이 세상 모든 부부의 처음처럼 우리도 그러했었다.

내가 하는 말에는 언제나 고개를 끄덕여 주고 내가 하는 일에는

'언제나 자신의 생각보다 더 훌륭하다.'라는 눈치를 보이는 그 모습이 내게는 결혼생활을 하는데 대단한 의욕이 되었던 것 같다. 그런 남편이 있었기에 나는 내가 하는 일에 최선을 다하며 살 수 있었다. 명예나 부가 아니라 사람이 잘 살았다 할 수 있는 진정한 의미를 꿈꾸며 도전하는 일과 성취감을 갖는 것이 비전이었으며 삶의 전부였다. 그러다가 어느 날 나와 남편과의 일상이 쉬이 적응되지 않고 자꾸 벗어나 있음을 발견했다. 나는 나대로의 모임이 따로 있고 남편은 남편대로의 모임이 따로 있으며 그 사람은 운동 동호회랄지 아버지학교 봉사를 나갈 때 나는 사우나를 가거나 문인들과 질펀히 앉아 가랑가랑 취하고 젖어 때 이른 봄바람에 속아지 없이 붉어지는 꽃을 험담하고 있었다. 그렇게 일상을 접고 각자 둥지 찾아 들어오면 하루 동안 지나온 일상들이 달라 공통점이 없다는 이유로 함께 나눌 이야기가 없어지고 그렇게 우리는 서로에게서 많이 다르게 벗어나 있었다.

물론 자의 반 타의 반 벗어남 이었겠지만 그러함을 느끼게 된 그 순간은 문득 몽롱해지기까지 하면서 이 후 우리 부부의 삶의 현실에 대해 어떻게 살아야 하는지에 대한 자각을 많이 느끼게 한 벗어남이었다. 그러나 참으로 다행인 것이 있었다. 내 성격대로 급하고 철저하게 살아오는 동안 남편이 크나큰 그늘이 되어주고 있음을 늘 잊지 않고 있었던 것이다. 내 모든 바탕이 남편에게 있었던 까닭은 그토록 내게 맞추어지기를 바랐던 그 사람의 느긋하고 낙천적인 성격 덕분이었음을 조용히 깨달아가고 있었다. 급히 가면서 미쳐 빠뜨린 부분을 늘 남편의 묵묵함이 채워주고 있었던 것이다.

부부가 아니라도 사람은 누구나 관계에 유효기간이 있으며 권태기가 있기 마련이다. 그러나 우리가 흔히 말하는 밀당을 서로가 현명하게 잘 했을 때 그 과정을 신선하고 슬기롭게 극복할 수 있는 것이다. 가족이니까 무엇이든 너그럽게 이해해주리라는 생각으로 함부로 해서 마음 상하게 했던 일들, 사소함의 기준이 달라 서로에게 소홀하고 어려움이 되어 골치 아픈 상대가 되어 버렸던 순간들, 그로 인하여 거실에서 스치는 서로의 바람까지도 미워했던 적은 아마도 어느 부부라도 한 번쯤은 겪었을 법한 일들이다.

벗어남의 발견이 이토록 흥분되도록 소중한 일이 될 줄이야. 뿐만 아니라 딸아이를 출가시켜 새로운 가족을 맞으면서 내 자식의 엄마가 아니라 이 나라의 어머니가 되어 두루두루의 입장이 되어본다. 그리고 제자리에 가만히 있는 듯 답답하거나 속상했던 남편 때문에 나는 충분히 행복했었다. 그 사람이 어느 직장 고위간부직으로 퇴직을 했더라면 나는 분명 참다운 명예와 인생의 리더를 구분하지 못했을 것이며 딸아이가 분에 넘치는 상대를 만나 세상이 부러워하는 결혼을 했더라면 나는 영원히 한 아이의 어머니일 뿐 이 나라의 어머니를 경험해보지 못했을 것이다.

철들기도 전 스물 셋에 결혼하여 아이가 아이를 낳았다는 어르신들의 우스갯소리를 들으며 남매를 키웠다. 그 아이들이 자라는 동안 "무엇으로 채워서 잘 살기보다 마음을 비워서 잘 사는 방법이 더 쉽고 평화로운 것"이라고 나만의 철학처럼 당부하며 살았다. 나 또한 그렇게 살았기에 크나 큰 부자는 아니지만 돈이 없어서 잘 못 산다는 생각을 해본 적이 없다. 시집간 내 딸아이도 나만큼 행복을 체험하고 느끼는 인생이기를 바라본다.

오늘 결혼 30년 된 남편이 설거지를 하고 집안 쓰레기를 정리하면서 봄 맞을 준비에 아침부터 분주하다.

흔한 말이라도
하고 또 하다 보면
뼛속까지 파고드는가 하면

귀한 말이라서
아끼고 아끼다 보면
굳은살 되어 스며들지 않아

오래된 부부에게 대화의 울림은
서로를 잠들게도 하고
서로에게 활력이 되기도 하는 것이었어

# 꽃 지는 일만큼 세상에 아름다운 일 또 있으랴

어머니는 인류가 입술로 표현할 수 있는 가장 아름다운 단어이다.
- 칼릴 지브란

뜬금없는 제주도 주소를 달고 편지 한 통이 배달되어 왔다. 눈에 익숙한 필체로 퇴근을 기다리는 편지는 연말에 여행을 떠난다던 아들녀석이 여행 중에 보내온 편지인 모양이었다. 가족이거나 이웃이거나 서로 마주보고 할 수 없는 이야기를 편지로 할 수 있거나 편지로 보내기에는 민망하여 차라리 마주보고 해야만 하는 이야기가 있다.

어쩌면 "그런 뜻이 아니겠는가?"라는 생각으로 편지를 열어보았다. 그런데 그리운 이에게 또는 평소 고마운 분에게 감사의 편지 보내는 것으로 숙박비를 대신하는 제주도의 한 게스트하우스에서 묵은 뒤 보내온 사연이었다. 물론 숙제 같은 편지였지만 아들의 전역 후 처음 받아보는 편지였고, 계사년 새해를 맞으며 가족에게 희망을 보탠 사연이었기에 참으로 가슴 따뜻해지는 것을 느끼지 않을 수 없었다. 크나큰 주제가 있어서가 아니라도 언제고 통화할 수 있고 만날 수 있는 가족임에도 이처럼 편지 한 장으로 마음을 전한다는 것은 늘 고마운 일인 듯하다.

가방 하나 메고 여행을 떠났다가 갈 때의 마음 다시 가져오는 경우라 할지라도 마음을 정리하여 부모님께 감사의 편지 한 통 보내는 것만으로도 얼마나 큰 여행의 소득인가. 그런가하면 연중 가장 큰 명절인 구정을 앞두고 혼자서 베트남으로 배낭여행을 떠나는 아들을 보내면서 내내 걱정이 앞서고 있었다.

아무리 세계화시대에 무슨 별일이야 있겠냐만 혼자 떠나는 보름간의 여행이 뿌듯하면서도 돌아올 때까지 마음 놓이지 않은 것이 사실이었다. 물론 보름간의 여행을 무사히 끝내고 돌아온 새벽, 공항에서 '잘 다녀왔노라.'는 아들의 전화를 받고 잠시 그동안 군에 간 자식 생각하듯 걱정으로 마음고생 했던 자신을 생각하면서 피식 웃지 않을 수 없었다. 그 아이 나이가 이제 서른이 되어 가는데 어쩌면 이제 내가 아들의 관심과 도움을 받아야 할 만한 나이인데 어머니가 된 나는 자식 앞에 늘 기둥으로만 존재한 것은 아닌지……. 충분히 강건하고 똑똑한 아들에게 어머니란 이름으로 하여 늘 안쓰럽고 짠한 것이다.

요즘 바람처럼 스쳐보는 드라마가 있다. 그 이야기 속에는 홀어머니와 아들 그리고 손자까지 3대가 살면서 엮어가는 중에 실직을 한 아들을 걱정 하고 아파하는 어머니를 그리고 있다. 그런데 문득 그중에 어머니만 없으면 그 아들은 집안의 가장으로써 안쓰럽지도 않을 것이며 아무도 그 현실을 아파하는 이도 없을 것이며 아이들은 어쨌든 아버지를 의지하며 살아가게 되어있겠건만 시청자들은 어머니의 마음이 되어 나이 오십 넘은 가장을 함께 안쓰러워하고 아파하는 것이다. 어머니만 없으면 세상을 리더하고 자신의 인생을 리더하는데 손색없는 것을, 그렇다 살아간다는 것은 어느 상대를 두고 경쟁하는 것이며 상대보다 더 잘 살기 위하여 끈임 없는 노력과 인내를 필요로 한다.

명예라는 것은 일등에게 가는 것이 아니라 리더에게 가는 것이기에 형제이건 동료이건 선후배이건 상대가 누구인가에 상관없이 더 잘 살기 위해 애쓰는 것이다. 그러나 단 한 사람 어머니에게 자식은 상대가 아니라 자신의 몸과 같은 것이기에 항상 채워지지 않는 그 무엇이 있다. 우리는 자신의 몸도 마음도 주체가 될 수 없다. 그것은 무엇 하나 자신의 의지대로 되지 않기 때문이다.

그러함에도 불구하고 자식에 대한 사랑만큼은 어머니가 주체가 되어 어머니의 의지대로 하염없는 자유함으로 사랑하는 것이다. 나는 인생을 오직 자식만을 위해 희생했다고 생각하지 않는다. 자신의 꿈이거나 희망을 접어가면서까지 아이들을 위해 헌신했다는 생각은 하지 않는다.

내 자신에게 충분히 충실했음에도 생각해보면 어머니는 곧 눈물이라는 생각을 떨쳐버릴 수가 없다. 어머니가 나에게 무엇을 얼마만큼 해주었나가 중요한 것이 아니라 이 세상에 어머니가 없었더라면 나약함도 눈물도 없었을 것이다. 이 세상에 어머니가 없었더라면 모두가 경쟁해야 할 상대가 되어 온전한 사랑과 배려가 없이 앞만 보고 달려야만 했을 것이다. 여자란 한 번쯤 누군가의 어머니가 되어, 누군가의 하염없는 눈물이 되어, 꽃처럼 지는 것이 아니겠던가. 그렇게 그 꽃이 지는 일만큼 세상에 아름다운 일이 또 있으랴.

세상에서
가장 사랑해야 할 사람은
나 자신이라고 말하면서
스스로 다그치며
스스로 쓴맛을 선택해서

쓰린 가슴을 퉁퉁 치면서
삼킬 때가 있습니다

냉정하고 어두운 상황에서도
어금니 앙다물고
그래봤자 세상이라 다독이며
하늘에 깔린 초롱초롱한 별빛을
세상에서 가장 외로운 심장으로
품을 때가 있습니다

그래놓고
자식 앞에서는
사시사철 피는 아네모네인양
환히 피어 웃습니다

엄마니까요

# 밥상머리교육과 어른의 자리

나는 아이들이 머리가 차가운 사람보다
가슴이 따뜻한 사람이 되길 원합니다.
- 다이애나 황태자비

1990년대 후반부터 시작된 학교급식, 도시락을 싸서 가지 다니던 우리 세대에겐 참으로 생소한 단어다. 급식의 시행으로 늘 도시락 반찬 걱정하는 어머니들의 수고와 고충이 이때부터 덜어졌고 아이들의 책가방도 많이 가벼워졌다. 일렬로 서서 급식을 배식 받는 가운데 아이들은 질서의식도 터득한다.

5대 영양소를 고루 갖춘 식사를 공급받는 우리 아이들은 인스턴트 음식에 길들여져 편식하는 아이들의 습관까지 교정되어 가고 있을뿐더러 도시락만을 전문으로 하는 업체가 생겨나 호황을 누리고 외식산업이 발달되었다는 요즘이지만 그래도 도시락 먹던 그때가 눈앞에 아른거린다. 지금의 풍요로움 속에서 왠지 어릴 때의 노란 큰 단무지가 그리워지는 것은 도시락 하나 변변찮게 싸지 못했던 상처보다는 아름다운 어린 시절에 얽힌 추억 때문일 것이다.

점심시간, 식사가 끝난 후 어느 순간 삼삼오오 친구들의 양팔을 잡고 뛰노는 아이들이거나 춥거나 덥거나 아랑곳하지 않고 운동장을 차고 넘치게 하는 저 아이들의 모습이 우리 어른들의 일상에 큰 활력이며 의욕임을 깨닫는다. 학교급식에 참여하면서 비단 학교급식으로 하여 요즘 어머니들이나 아이들에게 많은 충족함과 편리해짐도 있지만 우리는 아직도 잊힐 수 없고 빼놓을 수 없는 밥상머리 교육이라는 중요한 부분이 교육의 한 자리 '턱!'하니 차지하고 있음도 느낀다.

학교에서도 가정에서와 마찬가지로 식사 예절을 늘 지도하고 실천하면서 교사들은 식사 시간까지 교육의 연장으로 본이 되고 있는 것이다. 옛날 우리들은 조부모님 밥상은 아주 특별했었다. 농촌에 결손아동이 많아지게 되고 모든 음식이 전문가의 손맛으로 넘어가고 있다 보니 진정 어머니의 정 깊은 맛이 사라지고 아울러 밥상머리 교육마저 옛이야기가 된 듯 하지만 엄마 아빠 같은 담임선생님과 마주하는 점심시간, 또는 교장선생님의 식사하시는 모습으로 더 긴장하고 조심하고 질서를 더 지키려 애쓰는 아이들의 모습에서 분명 밥상머리교육은 우리 부모님으로 하여금 배워왔던 것처럼 우리 아이들의 생활에도 잠재하고 있음을 알 것 같다.

그것은 우리 어른이 어른의 자리에 있어주는 그것만으로도 교육이 되고 있다는 것을 말이다. 밥상머리에서의 인연으로 만나고 헤어지는 일들이 반복되어지건만 해가 지나고 졸업하는 아이들을 보내면서 참 많이 자라고 성숙해진 우리 아이들의 모습이 가슴 안에 가득해진다. 떠나야 할 날을 기약해놓고 날마다 아이들의 밥상이 더욱더 소중하고 중요하게 가슴 한 자리 파고드는 것을 보면 어떤 과정으로써의 인연보다도 식사를 함께 나누는 인연이야말로 무엇보다 따뜻하고 깊다는 것도 느껴본다. 한 끼 밥보다 소중하고 귀한 우리아이들이 꽃 진 자리에 다시 꽃피는 저력으로 오늘 우리 어른들에게 활력인 것처럼 인연을 소중히 여기며 둥글지만 강하게, 부족하더라도 감사할 줄 아는 어른의 모습으로 자라기를 소망해본다.

## 밥 안부

그 집 앞을 지나다
그 여자를 만나면
그 여자는
늘 그랬다
"밥 먹고 가라"고

밥이 흔한 세상이라도
밥을 챙기는
밥 안부는
늘 따뜻하다

흔한 것이라 하여
모두에게
흔한 것이 아니어서

밥 안부만큼
공손한 것이 없으며
밥 안부만큼
아름다운 말이 없으며
밥 안부만큼
따뜻한 마음이 없다

# 혈서 같은 맹세로 날아온 메시지

두 개의 얼굴을 가진 야누스신의 상이야말로
정치의 가장 심오한 현실을 표현한 것이다.
- M. 듀버거

봄! 마치 비와 함께 동반하지 않으면 아니 될 듯 나란히 다가오더니 오늘은 드디어 펼쳐놓은 두루마기마냥 따사로운 봄 햇살이 지상에 가득하다. 이렇게 따스한 계절의 가까이에 오다 보면, 냉이라든가, 민들레라든가, 목련까지도 마치 누군가의 맹세처럼 여기저기 지상에 새겨지고 있다. 그뿐이랴. 힘차게 흐르는 계곡의 물이라든가, 숲을 꿰뚫는 바람이라든가, 우렁찬 절벽과 새들의 우아한 날갯짓까지도 그저 단박에 갈겨쓴 소망이 아닐 것인데, 요즘 내 휴대폰을 자주 환하게 웃게 만드는 혈서 같은 소식들이 불인 듯 활활 타오르고 있다.

살을 베어 밥으로 덜어주고, 입속에 들어가 피를 뜨겁게 데워주어 확실한 주인으로 모시겠다거나, 특별히 내가 꼭 필요하다는 절실한 존재감을 더해주는 기분 좋은 문자들이 가득하다. 그러한 소식을 보내오는 이들은 바로 자존심 세일즈맨들, 이 나라 정치 한번 해보자는 꾼들의 장난 메시지가 바로 그것이다. 이 나라 지도자가 빈곤한 것은 사실이지만, 그렇다고 전무한 것은 아니다. 다만, 적은 수효의 지도자를 가지고서라도 참다운 민의의 소재를 알고 국민을 향도하는 민주적 지도자가 절실한 이때, 국민들의 자존심이거나 인격과 주권을 도매가로 거두어 정녕 지도자가 되고 나면 위로 거꾸로 비싼 가격에 되팔아 먹는 일들이 다반사한 일로 여겨온 것이 현실이다.

이렇다 보니 국민 자존심의 세일즈맨이라 하지 않을 수 없는 요즘의 정치꾼들을 보면서 6.2지방선거를 앞두고 우리는 기둥 없는 집을 세우고 고역을 스스로가 감당해야 하는 역경 속에서 다시금 민주적 지도세력과 지도자를 발견해야 하는 난관에 직면케 된다. 언제나 그랬듯이 꾼들은 가장 가까운 이웃이며 사촌이었다. 꾼들은 누구보다 믿을만하고 정직한 참다운 지인이었다. 그러다가도 지도자가 되고 나면 높거나 멀고 아득하며 그리운 존재가 되어버리고 마는 것이 지도자와 서민들의 관계가 되어버리고 말았다.

참으로 안타깝기 그지없다. 그렇다. 정치꾼들이 아니라 정치지도자들의 덕이 바람이라면, 우리 서민들의 덕은 풀잎과 같은 것, 풀잎은 늘 바람이 불면 분명히 고개를 숙이게 되어있다는 말이다. 기관장이 바뀔 때마다 하급직원들이 대이동되는 현상으로 나타나는 모양새, 국민들의 인권과 믿음을 져버린 채 일당의 이익과 민권의 홍정으로 나타나고야 마는 불미스런 색깔들에 우리는 너무 오랫 동안 보고 지쳐왔다. 지도자들이 국민들을 향해 국회에서 보여주는 추태들로 우리는 너무 오랫동안 아파왔다. 지방이거나 중앙이거나 죽기로써 바로잡아야 할 이 무서운 사태를 위하여 요청되는 것은 오직 정치에 꿈을 꾸고 있는 참다운 지도자들의 나라사랑하는 마음이 절실히 요구될뿐더러 지도자는 스스로 나타나는 것이 아니라 국민이 만드는 것이며, 대중 속에서 솟아오르지 않으면 안 되는 것이기에 우리 모두의 책임 또한 클 것이다. 아울러 6.2지방선거를 앞두고 나랏일에 꿈이 있는 분들이 내가 누구인가를 알리는 단계인 요즘 나라살림이 새로운 전기를 위해 획기적인 용단이 요청되는 시기임을 명심했으면 한다.

나랏일을 맡겠다고 자부하고 나선 만큼 사심을 떠나 참된 애국의 지성으로 나가주기를 바라는 마음 간절하다. 뿌리가 불타는 형상인 것은 불에 활활 타올라 그 불에서 또 한 생이 뿌리를 깊이 내려놓듯이 우리 모두의 혈서를 태워 다시금 민주주의의 뿌리를 튼실하게 내려놓아야 할 것이다. (2010. 3. 22. 영암신문)

스스로

어리버리하게 생겼다면서
다정다감하게 첫인사를 건네는
한 번도 본 적 없는 그 사람이
반쉬이 밥
물에 말아놓은 듯
고급지고 편안합니다

프로필 화려한 명함 한 장을
두 손으로 받들어
의미 없이 쥐어 주고 돌아서는
그 차가운 뒤통수들이
지천인 세상에

꼭 그래야만 하는
보통사람을 만났는데

참 잘난 사람을 만난 듯
가슴이 환해집니다

# 살아보고 싶은 세상, 살아보게 하고 싶은 세상

이 세상에서 가장 아름다운 것들은 보이거나 만져질 수 없다.
단지 가슴으로만 느낄 수 있다.
- 헬렌 켈러

먼 신화에서 동굴 속으로 들어가 쑥과 마늘만 먹으면서 수십 일을 살다가 몸 바꾸어 나오는 곰 이야기라든가, 가까운 전설에서 꼬리 아홉 달린 여우와 수백 년 묵은 뱀이 마을 근처까지 짝 얻으려고 나온 일 등은 결국, 사람 냄새를 피우자고 하는 것 아닌가? 그러니까 그 사람 냄새라는 것은 노동으로 흘린 땀 냄새요, 가엾은 생에 대한 눈물 냄새일 것 같다. 그것은 논이나 밭에서 얻어낸 벼와 배추 같은, 과수원에서 열린 복숭아와 사과 같은, 못 박히고 목숨 내준, 벗어주고 살 베어 내준 그런 냄새가 아닐까?

유년시절에 유난히 논과 밭에서 일을 많이 했던 나는 종자와 잡초를 구분하기 쉬운 고구마나 서숙 밭은 늘 내가 맡아 놓고 김을 매곤 했었다. 그해 여름, 고구마 밭고랑에 앉아 잠시 한 눈 파는 순간 눈에 들어오는 보석을 발견했다.

한 500m쯤 떨어진 행동댁 밭에서 반짝이는 보석처럼 빛나는 무엇인가를 보았으니 호미자루를 내려놓고 그것을 잡기 위해 한여름 땡볕을 감수하고 달려갔다. 보석이려니, 보석을 발견했으니 우리 집은 이제부터 큰 부자가 될 수 있으려니 하는 희망으로 내달렸다.

그런데 그토록 빛나던 그것이 무엇이었겠는가?

사금파리 한 조각이 햇빛에 반사되어지고 있는 그 빛은 열 살 박이가 보석을 만나는 꿈이 허망하게 내려앉은 것이었다. 그리고 어른이 된 지금까지 단 한 번도 웃고 지나가야 했던 그때 그 이야기를 생각해본 적이 없었다. 그런데 보석인양 화려하던 사람으로 하여 실망하고 또는 보석 같은 사람을 내가 밀어내지 않아도 그가 나를 밀어내지 않아도 세월에 의하여 잃어버린 사람이 있다. 빛인양 서두른다하여 보석이 아니며 빛을 품고도 사람 냄새 풍기며 보석으로 남은 사람이 얼마나 많던가를 생각할 때 바로 그때 그 보석인양 달려갔다가 허망했던 사금파리의 추억이 생각난다.

지금 우리 한국의 출산 수준은 세계에서 유래를 찾아볼 수 없는 속도로 급격하게 저하되어 최저 수준을 기록하고 있다. 그런데 한국의 저 출산은 여성의 사회참여 요구 및 기회의 증대로 직장과 가정에서의 양성평등욕구가 증대하고 과중한 자녀양육 부담 등이 혼인과 출산을 기피하는 요인으로 작용하여 도래된다고 한다. 그러나 어찌 생각해보면 비단 그렇게 드러난 문제뿐만이 아니라 인간적인 삶의 문제가 대두되고 있다는 생각을 해본다. 인간적 삶을 살 수 없는 젊은 층들이 절망하고 있는데 출산은 자연스럽게 기피하게 되지 않겠는가? 자신들이 살아볼만한 세상, 가슴으로 살아도 살아볼만한 세상이라면 자식을 낳아 이 한세상 살아보도록 자식욕심이 함께 생겨나지 않겠는가?

윤회설이거나 환생의 의미를 짚어보면 사람 사는 이 세상이 살아볼만 해야 다시 사람으로 태어나고 싶을 것이 아니겠는가 말이다. 저 출산은 어쩌면 인간적인 따뜻한 가슴들이 사라진 현 사회에 대한 거부이며 바로 사회의 붕괴일지도 모를 일이다. 전 세대의 후세대에 배려 없는 사회, 가진 자들의 공고한 지위굳히기 등 사회적 배려가 한 자락도 없는 이사회가 문제인 것이다. 만약 이사회가 이런 행태를 계속해서 진행한다면 붕괴되는 것은 자연의 섭리가 아니겠는가?

그 사람 냄새가 물씬 풍기는 일은 얼음의 한철도 이겨내고 불의 계절도 겪은 뒤에 땅에 더 가까이 낮추면서 하늘에 더 가까이 높이면서 은은한 미소를 얼굴 가득 드러내는 일이니 그 냄새가 우주까지 향기로울 수 있는 가장 위대한 현 세대들의 삶이 될 듯싶다. 자식들에게 살게 하고 싶은 세상, 다시 태어나도 사람으로 환생하여 살아보고 싶은 세상이 그립다.

밤새 불 켜 놓고
똥구녕에 해 받치도록 잔다며
솥뚜껑 미는 소리와 함께
달달한 늦잠을 깨우시던
어머니의 목소리로
나는 날마다 새로 태어났었다

내가 어머니 되고 보니
불을 끄고 눈을 감아도
뼛속까지 사무친 이야기들이
어둠 속에서 밤새 헛기침하는 까닭에
다시 하얗게 살아난 아침이 된다

날마다 영혼까지 잠들었다가
다시 태어나는 일이
얼마나 큰 축복인가

# 파헤치지 말 것을

말이 있기에 사람은 짐승보다 낫다.
그러나 바르게 말하지 않으면 짐승이 그대보다 나을 것이다.
- 사아디 고레스탄

달포쯤 되었을까 턱관절이 틀어져 한방병원을 찾은 적이 있다. 그런데 접수창구에 들어서자마자 내 눈에 쏙 들어오는 A4용지에 가지런히 써 내려진 이야기를 읽는 순간 고개를 끄덕이게 했다. 그 이야기는 대략 이런 이야기였다.

한 소년이 화창한 봄날 산책을 나갔다가 길에 튀어 나와 있는 돌에 걸려 넘어지고 말았다. 소년은 또 다른 사람들이 다시 돌부리에 걸리지 않도록 파내야겠다는 생각으로 삽으로 그 돌부리를 캐내기 시작했다. 그러나 땅 위에 보이는 돌은 사실 큰 바위의 일부였던 것이다. 소년은 분한 마음 반, 정의감 반으로 거대한 돌에 달려들었으나 어느새 해가 지기 시작했다, 소년은 포기하기로 마음먹고 파놓았던 흙으로 돌이 있던 자리를 덮기 시작했다. 그러자 소년이 걸려 넘어졌던 돌부리도 흙에 덮여 보이지 않게 되었다.

소년은 중얼거렸다. "왜 처음부터 이 방법을 생각 못했지?" 그렇다. 우리가 살아가는 모든 일상이 크고 작음을 떠나 데면데면 덮어가도 될 일을 파헤치므로 원인보다 더 큰 사건이 되기도 하는 경우가 얼마나 많던가? 어떤 아픔이나 상처가 바윗돌만큼이라 아파하고 회복하려 애쓰는 이의 허물을 파헤치는 것 역시 도미노를 넘어뜨리는 것처럼 그칠 줄 모르고 쏟아져 나오게 된다. 두려운 것은 이 모든 것이 자신이 제어할 수 없는 범주까지 가게 된다는 것이다.

어느 때인가? 나 역시 누군가가 나를 비방하고 험담하는 소리를 전해 들으면 분하고 억울하여 결코 그것이 아니라고 뒤집어 확인시켜야 속이 시원하던 때가 있었다. 그러나 생각해보면 사실이건 아니건 내게 그만한 험만 있겠는가? 누구나 그보다 더한 험도 감추고 포장하며 살아가는 것이 우리네 삶이 아니던가? 피천득님은 "이해관계 없이 남의 험담을 한다는 것은 참으로 재미있는 일이다."라며 남을 험담하는 일이 세상사는 재미 중의 하나라고 했지만 한번 쏟아낸 남 험담 이야기는 과장과 왜곡이라는 단계를 거쳐 내 입에서 실현되게 되는 것이다.

타인에 대한 험담은 한꺼번에 세 사람에게 상처를 준다. 욕을 먹는 사람, 욕을 듣는 사람, 그리고 가장 심하게 상처를 받는 사람은 험을 파헤치고 있는 바로 자신인 것이다. 나만 고생하는 느낌, 억울한 느낌, 소외된 느낌을 끊임없이 받아들이게 되고, 그러면 그럴수록 더욱 남 험담을 탐닉하게 되는 무질서의 악순환을 경험하게 되는 것이다. (mega-entropy) 남 험담을 하지 않으면 긍정 에너지는 모아지게 된다. 별것 아닌 것처럼 느껴지지만 남 험담하는 습관을 극복하기만 해도 우리는 많은 것을 얻을 수 있다. 바쁜 일상생활 속에 매몰되어 살아갈지라도 그 속에 담겨진 정의의 순수성만큼은 훼손시키지 말아야하지 않겠는가.

정의감 없이 자본주의라는 거대한 시스템 앞에 종속되어 조삼모사 하고 있다면 도덕이 무너진 시대, 고소와 상호비방이 난무하는 이전투구의 현장(entropy) 속에서 그러한 에너지를 쏟아낸 만큼 점점 나약하고 무능력해져 무기력이라는 부정적 에너지를 획득하게 된다. 편안함은 무질서일 뿐 행복감이 아니다. 살아있는 삶, 청년다운 삶은 몸이 힘들고 벅찰 때 느껴진다.

가슴이 터질 만큼 뛰어본 적이 언제인가. 5월의 싱그러운 햇살 같은 우리의 청춘은 어디에 있는가. 일어나야 한다. 말과 행동이 절제된 삶 안에서 야생을 지휘하는 사자처럼 펄펄 뛰는 생동감 있는 삶을 살아야 한다. 남의 작은 상처하나도 파헤쳐서 얻을 수 있는 것은 아무것도 없다. 진짜 살아있음을 느끼기 위해 덮어주고 메꾸어 주는 정의감을 가져보아야 하지 않을까.

하지 않아야 할 말
그것은 그냥 소리입니다

해도 그만
안 해도 그만인 말이 있습니다

해도 그만 안 해도 그만이지만
하면 더 좋은 말이 있습니다

그런데
꼭 해야 할 말이 있습니다

그것이
진짜 말입니다

소리가 월담하는 세상
지금 우리는 안전한가요

# 하이패스 또는 로우패스 인생

인생은 속도가 아니라 방향이다.
- 괴테

세상은 참 빨리도 돌아간다. 뒤처지지 않고 쫓아가자니 숨이 찰 지경이다. 스피드한 세상살이에서 생겨난 신조어 가운데 '얼리어답터(early adopter)'라는 용어가 있다. 사전에 의하여 단어 그대로 해석하자면 '빨리 채택하는 사람' 정도가 될 것이다. 즉석음식을 말하는 패스트푸드가 어느새 우리말처럼 익숙해졌듯 얼리어답터 역시 비슷한 현상을 보이고 있다.

나는 평상시에 늘 우리나라 전도와 국어사전을 잘 들여다보는 편이다. 그런데 이곳저곳 지리도 바뀔뿐더러 연신 생겨나는 신조어까지 실어야 하니 사전은 점점 두꺼워질 것이고, 시대에 뒤떨어지기 싫은 사람이라면 두 귀 활짝 열고 재빨리 두뇌에 저장해놔야 할 듯하다. 비슷한 예로 맥도널드햄버거를 뜻하는 맥(mac)이란 짧은 단어 하나가 미국 내에서는 '맥도널드 햄버거를 먹다.' 혹은 '패스트푸드점에서 먹다.'란 뜻까지 내포하면서 속어로 사용된다고 하니, 이런 것까지 알려고 든다면 그러지 않아도 복잡한 머리 더 복잡해질 것 같지 않은가? 그러나 모든 사람들이 이처럼 빠른 속도를 좋아하는 것만은 아닌 모양이다.

패스트푸드가 건강에 안 좋다는 얘기가 있자 한쪽에서 일고 있는 슬로푸드(slow food)운동이 한 예라 할 수 있다. 1980년대 중반 유럽에서 시작된 이 운동이 웰빙 선풍과 함께 우리나라에서도 최근 각광받고 있다. 국립국어원에서는 이 용어를 '여유식'이라 순화시켜 부르고 있다. 그렇다면 얼리어답터라는 그 반대말이 없을까. 물론 슬로어답터가 바로 그것일 듯하다.

내 일상 가까이에서 느끼는 일도 있다. 이십 년 가까이 운전을 했건만 아직도 고속도로 요금소를 지날 때마다 통행권을 뽑는데 애를 먹고 긴장을 한다. 유난히 팔이 짧은 탓에 너무 멀어 안전띠를 풀거나 심한 경우 문을 열고 몸의 상체를 한참이나 내밀어 뽑아야 하니 말이다. 얼마 전 어느 카드회사에서는 하이패스와 겸할 수 있는 카드를 권해 오기도 했다 그러나 아직은 물론이거니와 앞으로도 하이패스 할 생각은 없다.

줄서는 것으로 판가름 내는 것이 많은 이 나라에서 어디든 빨리라는 서두름으로 일등이 아니면 안 될 것 같으나 젊음일 때와는 달리 이제는 되도록 천천히 가는 줄에 서고 싶다. 인생자체를 하이패스하고 싶지 않다는 이야기다. 생각해보면 살아온 날을 바로 발뒤꿈치에 떨구고 있는데 세월은 아랑곳하지 않고 자꾸만 앞서간다. 무엇이 우리를 기다리고 있을까 하는 호기심도 이제는 줄어들고 자꾸 뒤돌아보게 되고 그저 살아온 날들이 파편처럼 수없이 물린 조각들에 애착을 느끼며 그 느낌은 아주 많이도 빛바랜 조각의 짜맞춤으로 남는다. 그러함에도 불구하고 세월을 소급해가기에는 참으로 안타까운 일이다.

남들이 하이패스 할 때 내 인생은 잠시 기다려야할 때 기다리고, 서야할 때 서고, 빼야할 때 빼고, 달려야 할 때 달리는 그렇게 살고 싶어진다. 우리네 세상은 어린이와 젊은이, 중년과 노년이 공존하면서 조화를 이루며 살고 있다. 이와 마찬가지로 '빠르게'가 있으면 '느리게'도 있는 것이니, 조급해하지 않고 각자 성향과 취향에 맞춰 살면 될 일이지만 하이패스가 아닌 아주 심플하게 좀더 느린 로우패스 인생으로 살아봄직 하지 않겠는가.

단 몇 초의 희열을 위해
공들여 쌓았다가
단 몇 초에 무너지는 것이
도미노의 안타까운 매력이라면

세워져 있다 하여 영원한 것이 아니며
쓰러졌다 하여 끝난 것이 아니어서
도미노는
차례로 쓰러지는 것도 위대하다

넘어지지 않는 인생 어디 있으랴
어차피 인생은
도미노 같은 것 아니던가

# 제5부
# 더 빨간 열정, 더 달달한 사랑

# 40년만의 깨달음

진실하게 맺어진 부부는 젊음의 상실이 불행으로 느껴지지 않는다.
왜냐하면 같이 늙어 가는 즐거움이 나이 먹는 괴로움을 잊게 해주기 때문이다.
- 모로아

여름방학이 시작되고 여유롭게 출근을 하다 보면 길 가에는 노란 달맞이꽃이 환히 피어 한낮의 더위를 예감케 한다. 예전에는 여전히 그 꽃이 피었다는 생각으로 지나쳤건만 여성 갱년기에 좋다는 달맞이꽃 종자유의 효능을 알고부터는 드문드문 볼 수만은 없는 꽃이 되었다. 내게 오십 중반에 맞이해서 유난히 혹독하게 치렀던 갱년기는 비단 신체적으로만 변화가 오는 것이 아니라 부부생활의 권태와 나이 듦으로 인한 우울증과 나란히 동반하는 경우가 많아서 증상이 증폭되고 자칫 잘못하면 각종 질환과 질병의 원인이 되어 가정의 파국을 맞이할 수도 있는 것이었다.

이런저런 병명을 달고 하루에 서너 곳의 병원을 방문하는 경우가 허다했으니 말이다. 뿐만 아니라 무엇보다 중요한 것은 평소에 부부 사이의 대화와 이해의 폭을 넓히는 일이 중요함을 깨닫게 하는 일이기도 했었다. 하지만 데면데면 살다가 예고도 없이 달려드는 갱년기로 인하여 뜻밖의 친절이거나 뜬금없는 이야깃거리가 새로 생기는 일이 만무해서 갱년기를 겪는 기간에는 더욱더 무기력해지고 심적으로 힘들게 되는 것이었다.

그렇게 어긋난 듯 무심한 듯 소나기처럼 지나가는 동안 아내가 바라보는 남편의 자리는 그지없이 따분한 것이었다. 그다지 넓지도 않은 거실에서 서로 비켜 가는 바람까지도 싫어지는가 하면 무엇을 한들 어떤 모습이든 염두해두고 싶지 않을뿐더러 있어도 그만 없어도 그만 이제는 독립을 선언하고 뒤돌아서도 미련 없겠다 할 만큼 관심 밖이 되어가는 것이었다.

그런 일상 속에서 어느 날 새벽, 자리를 털지 못하고 한쪽 어깨만 부어오른 상태를 내보이며 통증을 호소하고 있는 남편을 발견했다. 그뿐이랴 어렵게 일어서는 몸짓에서 두 다리까지 이상이 있음을 짐작하게 하는 심각한 모습을 확인하는 순간 보통 일은 아니라는 생각이 들었다. 그렇다. 부부란 적막한 둘만의 방 안에 모기 한 마리만 날아들어도 합세하여 잡아내고야 마는 것이어서 남편의 건강에 이상이 생겼음을 발견한 순간 그때부터 우리는 다시 똘똘 뭉친 아군이 된 것이다.

내 몸에 이상이라도 생길라치면 혹여 남편이나 자식들이 알아 걱정이라도 끼칠까 스스로 병원을 찾아 접수부터 치료까지 혼자서 해결하고 아무 일도 없었던 듯 감쪽같이 일상의 제자리로 돌아오곤 했던 세월이었건만 남편의 건강에 이상을 느끼는 순간 정신이 번쩍 드는 것이었다. 그것은 어쩌면 내가 반듯하게 설 수 있는 버팀목이 되는 것인지도 모르는 일이라는 것을 이토록 절박할 때 느끼는 것이다. 우리는 그때부터 또다시 한 몸이 되어 병명을 알아내는 일과 치료를 목적으로 온 심혈을 쏟기 시작했다. 잠자리에 들면서 멀쩡했던 팔다리가 자고 일어나니 한쪽만 부종이 생기면서 양쪽 다리는 설 수 없이 통증을 호소하지만 여러 병원을 다녀 보아도 병명조차 찾지 못하는 것이었다. 환자는 절박한 상황일수록 오직 의사의 진단과 치료에 기대고 의지해야 할 일이건만 전문의와 의학박사라는 명판 앞에서 환자를 접하면서도 원인과 병명을 모르겠다는 무책임한 말을 쉽게 할 뿐더러 환자를 다른 부서의 전문의에게 떠넘기기에 여념이 없었다. 이러다가 큰일 나겠구나 싶었다.

활동하고 있는 밴드마다 남편의 증상을 전송해서 물어보고 인터넷으로는 이런저런 의학상식을 들여다보며 공부를 하기 시작했다. 어느 날 순식간에 일어난 일들에 대처하는 방법은 누구에게 모든 것을 걸고 기대고 기다릴 수만은 없는 일이었다. 그렇게 이모저모 퍼즐처럼 맞추고 파악해본 결과 남편은 자가면역질환의 근육염이라는 것을 우리 스스로 알아내게 된 것이다. 자가 면역 질환(自家免疫疾患, autoimmune disease)이란 자가 면역으로 나타나는 질병이다. 즉, 정상적인 화학 물질과 신체의 일부 세포들에 대해 면역계가 잘못된 반응을 일으킨다는 것이다. 바꾸어 말하면 면역반응이 실수를 한 것으로 건강한 세포를 해롭게 보고 그들을 공격한 것이어서 현대사회에서는 희귀 난치성 질환으로 분류되어있다.

그래서 많은 사람들이 여러 분야의 자가면역질환으로부터 적잖은 고통을 받고 있단다. 혈압이나 당뇨처럼 종신형이어서 치료가 어려워 희망과 의지도 잃게 만들고 정확한 원인조차 밝혀지지 않고 있다는 것이다. 그 후 남편은 한 달간의 병원 입원치료를 마치고 지금은 매월 꾸준히 처방전에 의한 약만 복용하며 건강관리를 하고 있는 중이다. 그렇게 갑자기 찾아온 남편의 지병으로 인하여 부부의 일상은 날마다 달라지고 있었다. 맛과 색의 식단이 토속과 치료식으로 바뀌는 한편 무심했던 서로에 관한 일상이 관심과 챙김으로 바뀌고 있었다.

상대방의 사소한 것들이 소중해지고 유치했던 것들이 없어서는 안 되는 필수가 된 것이다. 말하지 않아도 혹은 잠결에라도 서로의 숨소리만 들어도 건강이 체크가 되는 것을 보면 부부란 그냥저냥 살아온 듯해도 내 몸처럼 함께 숨 쉬고 있었다는 것이 이런 것인가 보다. 지난날 남편이 나에게 해준 것을 묻고 따지다 보면 섭섭했다가 괘씸했다가 평생 나만 희생한 것 같지만 이토록 씩씩하게 희생할 수 있도록 든든한 버팀목이 되었던 사람이 곧 남편이었다는 사실을 깨닫는데 40년이 걸렸다.

넓지 않은 거실에서 서로 비켜 가는 바람까지 싫었던 그 남편의 그림자까지 소중해지는 것은 서로가 서로에게 업적이 있어서가 아니며 변하지 않는 달달한 사랑 때문은 더더욱 아닐 것이다. 그랬다. 갱년기거나 권태기거나 그 모든 것은 여유로움 속에 파고든 욕심이었으리라. 욕심을 버리면 가장 인간적인 관계가 된다는 사실이다. 나이 들면 컨닝을 하듯 서로의 약봉지를 챙겨 주고 병원 문턱이라도 손잡아 함께 넘어가 주는 사람이 그립고 필요하지 않겠던가 말이다. 하루를 사는 하루살이의 짝이 분명 하루 종일 핑크빛은 아닐 것이다. 우리의 삶에 가장 근본이 되는 인간적인 상식만 품고 산다면 그 상식 안에 잘 살아내는 삶의 답안지가 있다는 것에 감히 이의를 제기하지 않겠다.

둘만의 이야기로 만났다가
둘만의 이야기만 없어지고
각자의 이야기만
숨은그림찾기처럼 쌓였건만

주고받는 말 한마디 없이도
곁에 있음과 없음의 차이가
느껴지는 사람

깊은 침묵을 깨고 흐르는
그의 고른 숨소리로
내가 편안해지는

이제는 문득
안쓰럽고 짠한 모습까지
가슴에서 애달픈 눈물이 되는 그는
내 삶에 벅찬 인연이었어

# 내 작은 바람이 손상되지 않기를

잘 보낸 하루가 편안한 잠을 주듯이
잘 쓰여진 일생은 평안한 죽음을 준다.
- 레오나르도 다빈치

2015년 11월 22일 일요일 전 김영삼 대통령께서 서거하셨다. 5일 국가장으로 치러진다고 한다. 장례위원이 2,222명이란다. 고 노무현 전 대통령의 장례위원이 1414명, 고 김대중 전 대통령의 장례위원이 2375명이었다고 한다. 그 많은 장례위원들이 무슨 일을 하는지는 잘 모르겠으나 옛날과 지금의 장례법이 다르고 각 나라마다 다름은 물론이거니와 우리나라에서도 지역마다 절차와 형식이 다른데 하물며 나라를 이끌었던 대통령의 장례식은 보통사람들이 생각 못 할 만큼 특별하리라 여겨진다.

올 7월에 친정아버지께서 운명하신 계기로 반(半)상주 역할을 하면서 장례의 풍속도 참 많이 변했다는 생각을 했다. 물론 나도 아버지의 임종을 지켜보지 못했지만 내가 어렸을 때의 초상집의 풍경이라든지 죽음을 맞이하고 보내는 장례의 모습들은 기억에 뚜렷하게 남아있다. 그때는 임종이 가까워지면 멀리 있는 자식들이 서둘러 모일뿐더러 임종을 하시면 곡을 했었다. 그리고 고인의 옷을 지붕 위에 올려 마을사람들이 가신 분의 임종을 알 수 있도록 했었다.

생각해보면 나는 아버지의 임종보다 조부모님의 임종과 그 시절의 장례풍토에 대해 더 잘 알고 있는지도 모르겠다. 어릴 때지만 동네 초상이 나면 남자들은 밤을 새워 관을 짜거나 공동상여를 손질하는 모습을 많이 보아왔고 어머니는 초상집에 가셔서 수의와 상복을 만드느라 밤새워 바느질을 하고 호박나물이거나 콩나물 한 시루씩 또는 팥죽 한 동이씩 부조를 했던 기억이 생생하다. 장지에 괭이와 삽으로 묘지를 만드는 일까지 마을사람들의 정성으로 마무리가 되었었다.

내가 초등학교 6학년 때 조부님께서 돌아가셨는데 장례식이 끝나자 집안 대청마루에 영호(靈戶)를 만들어놓고 어머니는 끼니때면 먼저 식사를 올리고 곡을 하시던 모습이 생생하다. 그렇게 삼시세끼 한 번도 거르지 않으신 어머니는 1년 상을 치르시고 복을 벗었다 하셨다.

시절이 그러하고 일상이 바쁨 때문이라지만 삼우제 때 탈복을 하는 요즘의 장례풍속과는 참 많이 달랐던 것 같다. 뿐만 아니라 마흔이 갓 넘은 어머니께서 모든 것을 잘 알고 해내시던 것이 아무래도 요즘 젊은이들과는 사뭇 달랐다는 생각이 든다. 요즘 세대 자식 중에 살아계신 부모님께마저도 밥을 굶기는 뉴스는 다반사일뿐더러 여러 자식이 서로 부모를 미루는 풍경으로 미루어 보아 옛날 분들의 효는 살아계실 때뿐만이 아이었음을 알겠다. 물론 내 어머니만 그랬던 것이 아니었겠지만 그런 어머니를 일찍 여윈 탓에 요즘 살 만큼 살았다는 70대의 초상집이거나 호상이라 말하는 8,90대의 초상집에 문상을 가서 보면 어머니의 인생을 항상 돌이켜보게 된다.

지금이야 흔히 백세시대라고는 하지만 반겨야 할 일만도 아닌 것은 분명한 것 같다. 백세시대가 아니라 백세건강이라야 장수에 의미 있는 것이 아닐까. 영상의학이 발달해서 요즘 치명적이라는 암을 잘 잡아내는 것뿐이지 옛날에도 암은 있었을 것이고 치매도 있었을 것이다. 그러니 오기 전에 규칙적인 생활습관과 스스로의 건강관리로 하여금 주변을 괴롭히는 노년은 피해야 할 것 같다.

특히 어른은 국가나 요양병원에서 모셔야 한다고 생각하는 것이 현대 아이들이다보니 자식 옆이라야 안정감을 느끼는 부모님들은 요양원 정문에서 오지도 않은 자식 퇴근시간을 하염없이 기다린다는 가슴 아픈 이야기를 접하게 된다. 부모를 생각하는 옛날 세대와는 사뭇 다른 현실을 받아들이고 빨리 인정해야 할 것 같다.

어쨌든 죽는다는 것은 자기가 왔던 길로 되돌아가는 일이며 그 길은 칠흑같이 어두운 길이라 한다. 그 길을 잘 찾아갈 수 있도록 조심스럽고 정중한 마음으로 복을 빌어주는 것이 명복의 의미라면 내가 알고 있는 장례절차를 기억하면서 미루어보았을 때 부모를 생각하는 자식이 된 도리로서의 마음가짐 정도는 손상되지 않았으면 하는 바람이다.

호상이라는데 말입니다

며칠 전
주변에 문상할 일이 생겼습니다.
91살 드신 어머니를 보내드리는 상가에는
"사실 만큼 살다 가신 호상이라"고
친인척과 지인들의 만남으로
삼합에 소주를 마시고
이야기 소리가 시끌벅적한데
세상 떠나신 그분과

젊음을 함께 나누셨던 내 어머니는
하늘나라에서 35년째 꽃을 피우고 계셨으니
남의 집 초상집에서
나만 하염없이 울고 돌아왔습니다

# 딱 너 같은 딸 낳아라

밖으로 내보낸 딸은 산속으로 쏘아버린 화살과 같다.
- 몽고의 격언

날씨가 오전부터 흐리더니 기어이 오후부터는 비가 내린다. 며칠째 맑은 하늘보기가 힘듦만큼 흐리고 비 오는 날이 잦다. 마치 여름 장마처럼 젖은 날이 길다. 그렇다. 계절은 꼭 비를 앞세운다. 이 비 그치면 이제 깊은 가을이라기보다는 초겨울이란 체감을 느낄 것이다. 어젯밤 꿈에서는 어느 상견례자리에서 하염없이 음식을 먹느라 꿈에서 깨어날 줄을 모르고 늦잠을 자고 말았다. 꿈에 음식을 먹고 나면 매번 건강에 적신호가 오는 편이라서 조심해야 할 일이다.

얼마 전에는 마치 태몽 같은 느낌의 꿈을 꾸고 난 다음 날 딸아이가 둘째를 가졌다는 기별이 왔다. 가족 톡에 남편은 "딱 너 같은 딸 낳아라."라는 축하의 덕담을 남겼다. 딸아이가 아이를 가졌다는 소식은 기쁨이면서 짠한 마음 그지없다. 날씨까지 꾸물거리니 오늘 퇴근 후에는 가을비 떨어지는 이 소리를 소주랑 함께 삼키고 싶은 마음이 가득해진다. 술 없이는 고독할 수가 없다.

가을이 깊어간다고, 겨울이 가까워진다고, 밤은 점점 길어지는데 내 맘에 마땅한 사람 하나 없이 조용히 살다 보니 달리 기쁜 일이랄 것도 없고 퇴근 후면 내 술상 내가 차려 자분자분 혼자 마시게 된다. 혼자서도 술병 비우는 일은 그다지 버거운 일이 아니어서 금방 비우고 나면 금세 흠씬 취하고 만다. 습관처럼 그리워지는 아들과 딸에게 전화를 걸고 시처럼 소리처럼 말을 한다. 그러나 자식들이 부모를 걱정하는 것은 내 고독과는 무관한 것이기에 삶의 공간을 넓히는 나만의 방편으로 고독을 자처하여 고독을 극복하려 한다. 아! 술 없이 어찌 이토록 고독한 세상을 살아갈 수 있단 말인가?

자식을 낳고 난 후에 부모 마음 알 것 같더니 자식을 출가 시켜보니 자식을 보내는 마음과 새 식구를 맞이하는 마음을 훤히 알 것 같다. 낳아 놓고도, 길러 교육시켜 놓고도 그리고 직장 잡아 안정된 후 결혼까지 마무리해주고도 끝이 없는 자식에 대한 이 사랑을 어쩌랴. 부모는 자식한테 늘 져 주는 게 순리라고 한다. 그러다보면 자식은 철이 든다는 것이다.

이 세상에서 나를 위해 조건 없이 희생하고 이유 없이 이해해주고 기한 없이 참아주고 기다려줄 사람은 부모밖엔 없다. 내 마음에 들어서가 아니라, 뭘 잘해서가 아니라 자식이라는 존재 자체만으로 사랑하고 아껴줄 사람도 오직 부모뿐이다. 그런데 이 같은 마음은 부모입장에서 갖는 마음이라야 한다. 자식이 부모는 이래야 되는 것으로 알고 있어서는 안 된다는 것이다. 누구에게나 어머니는 특별하지만 내 딸에게 나는 내 어머니만큼 훌륭하지 못해 미안했고 나 보다 훨씬 훌륭한 딸이어서 감사하다. 듣기 좋은 말로 자식은 눈에 넣어도 아프지 않을 보석이라 한다. 아마도 아이가 어려 부모의 의도대로 할 수 있을 때에 맞는 말인 듯하다. 그러나 미운 7살이 지나고 나서도 보석일 수 있는지는 사람 구실하면서 열두 번 변한다는 옛말처럼 두고 봐야 할 일이다.

딸아이가 큰애를 키우면서 수시로 모범답안을 들여다보듯 "엄마

나는 이맘 때 어땠어?"라는 질문에 나도 딸아이 키울 때를 생각해 보면 아이들이 원하는 대로 모든 것을 다 해준 적도 없었을 뿐더러 어깃장을 놓거나 오냐오냐 해준 적도 없었다. 그러함에도 부모의 말 한마디에 열 마디로 꼬박꼬박 말대꾸 한 적 없었던 내 아이들이었다. 아침에 깨우느라 고성 한 번 오갈 필요 없었고 자기방 청소 좀 하라 목소리 담 넘어간 적 없이 키웠으니 두 아이들에게 참으로 감사할 일이다. 물론 자식이 다 자라 철들 때까지 몸에 손대기는커녕 목소리 한 번 높이지 않고도 자식을 반듯이 키운 부모들은 수없이 많다 그런 경우 분명 부모와 자식 간의 조화는 상대적이라 본다.

부모의 말 한마디에 척척 알아서 나머지를 행동해주는 자식도 있고 말없이도 일찍 철이 들어 부모의 근심을 들어주는 자식들도 있을뿐더러 간만에 크게 혼이 나고 나서야 행동을 수정하는 자식들도 많다 어느 부모건 자기 자식이 귀하지 않은 경우도 없고, 자식들의 행동을 나무라기를 즐기는 경우도 없는데 부모의 마음과 지식들의 마음이 항상 같은 방향이나 목적지를 바라보는 것은 아니라는 점과 시기가 항상 동일하지는 않다는 점이 문제인 것이다. 어쨌든 딸아이가 둘째를 가졌다니 남편의 덕담처럼 내 딸 같은 딸만 낳았으면 좋겠다.

아이가 태어나면
부모의 자리는 자동으로 생겨납니다

그런데
존재만으로 부모의 자리와
역할로 부모의 자리가 있는가 하면

변해야 하는 역할과
변해서는 안 되는 역할이
자식에서 부모로 가는 길목입니다

아버지의 큰 기침소리
어머니의 가슴앓이
그 느낌으로도 철이 들었던
자식 된 시절이 있었는가 하면

이제는 자식이 어른 되는 길목에
가난해도 돈의 출처가 되어야 하고
배경이 건조해도 살아가는 길라잡이가 되어야 하며
먼 길 뒤돌아 볼 때 당당해야 하는 것이
부모가 가야 할 길이라 합니다

# 더 빨간 열정, 더 달달한 사랑

현명한 친구는 보물처럼 다루어라.
인생에서 만나는 많은 사람들의 호의보다
한 사람의 친구로부터 받는 이해심이 더욱 유익하다.
- 그라시안

오랜만에 친구가 왔다. 서울에 살면서 여기까지 오르내리며 농사를 짓고 있으니 대단한 친구다. 그러고 보면 여자들끼리 엮어 친목을 이어가는 모임 하나가 없으면서도 나는 이 친구가 어쩌다 한 번 내려와도 이런저런 바쁘다는 핑계로 만나기가 참 어려웠다. 오늘은 맘먹고 저녁식사라도 함께할 생각으로 퇴근을 서둘렀다. 마치 서울에서 함께 온 친구들이 있어 제법 모임 같은 분위기였다. 여자들이 모이면 어쩌다 한 번은 이렇게 재미있을지라도 역시 나는 규칙을 정해놓고 만나는 모임은 좋아하지 않는다.

사람들과의 관계 속에서 소비되는 에너지를 아끼고 싶다. 나이 50이 넘으면서부터는 일상적인 것들로부터 늘 죽음에 대한 준비를 하며 살아간다. 있어도 되고 없어도 되는 것들은 집밖으로 버리는 일부터 또한 새로운 인연을 만날 때 변치말자 손가락 걸어 약속은 없더라도 싫어도 좋아도 참아주고 견뎌주면서 약속처럼 관계가 유지된다 하지만 나에게 해가 되는 사람은 정리가 필요함을 느낀다.

연락 없이 안 봐도 큰 문제가 없는 사람, 그런 사람들은 어쩌다 연락해서는 '왜 연락 한 번 하지 않느냐?'며 은근 스트레스를 주는가 하면 본인은 쿨 하다 하지만 상대에게 하는 말마다 상처를 주는 사람이 있다. 그런 사람은 "네가 쿨 하게 말했으니 나도 쿨 하게 말할게."라고 하면 도리어 화를 내고 만다. 그뿐인가? 만나면 소문과 남의 험담 좋아하는 사람, 사람이 아무리 좋다하더라도 만인에게 좋을 수는 없는 일이라서 혹여 나를 싫어하는 사람은 옛날처럼 혼자 고민하고 애 타지 않는다. 결국 나를 싫어하는 것은 그 사람의 문제일 뿐이라는 것을 알았다. 그래서 이모저모 정답이 없는 인생에 내 자신의 기준에 명답을 만들며 살아가고 싶다.

젊어서는 모든 사람에게 잘 보여야 한다는 생각도 많이 했던 것 같다. 그런데 살아보니 나와 상관없는 사람에게 잘 보여야 한다는 것은 너무 에너지소비가 많이 되는 것을 깨닫는다. 나잇값을 해야 할 때도 있으나 나잇값을 버려야 할 경우도 있다. 이렇게 내 자신의 기준으로 명답인생을 살려할 때는 적당히 욕먹을 용기와 비난받을 용기도 필요한 듯하다. 버릴 것이 없다면 더 이상 채우지는 말자는 생각이다. 얼마 전 보라색을 좋아하는 내게 머릿수건을 사 넣어둔 보랏빛 고운마음을 받았다. 누구라는 생색도 없이 이런 사랑을 놓고 간 모양이다. 가슴이 따뜻해졌다. 사소한 것에도 이토록 감동인데 정녕 우리는 큰 덕을 입으면 더 큰 것을 원하고 배려임에도 불구하고 주지 않으면 섭섭하다 한다.

우리나라만큼 빠른 기간 내에 잘살게 된 나라는 드물다. 그것은 누군가가 잘했기 때문인데 정권이 바뀔 때마다 칭찬보다는 잘 못했다는 지적이 더 많으며 핀잔이나 흉이 더 많이 남는다. 사람이 백년을 산다면 70년은 남을 의식하면서 남을 생각하고 이야기를 하는가 하면 30년은 자신을 생각하고 자기 개발을 한단다. 어렸을 적에 남의 험담을 들을 때는 못들은 척 하라고 배웠다. 그러나 남의 험담을 하면서도 맞장구 쳐주지 않는다고 불평하는 사람이 또 얼마나 많던가? 이 친구는 내게 늘 긍정의 마음을 보여준다. 어쩌다 내가 서울에라도 가게 되면 만사를 제쳐두고 달려와 필요한 일에 함께 해주는가하면 몇 달이건 몇 년이건 연락한 번 없다가도 통화라도 하게 되면 날마다 함께 있었던 것처럼 편안하다.

설령 내가 잘못한 일이 생기더라도 대못 박듯 아프지 않는 의미와 함께 내 편이 되어주니 늘 힘이 되고 의지가 되는 것이다. 이처럼 이름 지어 어떤 모임에 같은 회원이라는 명분이 아니라도 만나면 편안하고 생각하면 가슴부터 따뜻해지는 사람이 누구에게나 있는 것이다.

어느 날은 퇴근해 집에 와보니 주인처럼 거실에 쌀가마 하나가 '턱!'하니 앉아있었다. 가을 일 끝낸 누군가가 일 년의 수고를 통째로 놓고 간 것이다. "내 능력으로는 누가 쌀 한 되 줄 사람 없는데 남편 그늘이구나!"하며 무엇인지모를 서글픔과 감사가 가슴을 따뜻하게 했었다. 워낙 남편은 나와 달리 처신이나 관계를 참으로 중요하게 여기며 성품이 그렇게 타고난 사람이기에 함께 살면서 덕을 보는 경우도 적잖은 것이 사실이다. 그런데 또 어느 날은 온전히 나만 아는 내 지인께서 심장 같은 대봉 한 박스를 보내왔다. 무엇인지 모를 뿌듯함과 감사, 얼마나 애써 어루만져 키워서는 나까지 챙겨주셨을까 생각하니 가슴이 미어졌다. 감 박스를 열어 얼굴만 살짝 들여다보고는 다시 테이프를 찾아 붙여 동생에게 보내기로 했다. 감꽃이 필 때마다 유난히 감을 좋아하시던 어머니가 생각나듯이 감이 익을 때마다 이 고마운 마음이 생각날 것 같다. 그리고 감보다 더 빨간 열정과 감보다 더 달달한 사랑을 모임 하나 없는 나도 받았다고 자랑하고 싶다

몸이 가까이 있다하여
가슴도 가까이 있는 것은 아닙니다

찡찡 소리 나는 울음을 보며
미어지는 가슴에서 나가는 큰 숨
그것이
가슴의 소리입니다

말로하지 않아도 말이 되어
잔잔하게 소통되는
그것이
가슴의 언어입니다

혀끝에서 달달하게 노니는 인사말보다
목젖 넘기는 밍밍한 물 한 잔의 진심
그것이
따뜻한 가슴의 온도입니다

마주보고도 천리밖에 두거나
몸은 천리밖에 있건만
내 체온 안에 들어앉아있는 것이
한 뼘만 한 그대 가슴입니다

# 그대에게 아름다운 박수를…

감정은 사실이 아니다. 생각을 바꾸면 감정도 바뀐다.
- 데이비드 D.번스

남편의 갑계에서 1박2일 제주여행을 떠났다. 매월 한 번씩 만나는 부부동반모임에 이래저래 참석을 못하다보니 같은 지역에 살면서도 남편친구들의 아내도 항상 낯설고 어렵다. 이렇게 명분 세워 떠나는 여행에 합류하여 하룻밤이라도 함께 보내다보면 한결 편해질 수 있으리라는 생각과 함께 적극적인 마음으로 따라 나서기로 했다. 첫째 날은 선녀와 나무꾼, 그리고 숲과 돌이 어우러진 정글기차여행을 즐길 수 있었던 에코랜드와 애월 해안도로를 거쳐 1박을 하고 이틀째에는 제주 녹차 밭과 더 마 파크에 들러 올레길을 한바탕 둘러 이틀간의 여행을 마무리한 것이다.

올해는 특별히 회갑이라 하여 남편 모임마다 멀거나 가까운 곳으로 여행을 떠나는 기회가 많다. 육십갑자를 돌아온 세월이니만큼 아득하고 멀게만 생각했던 회갑이 이제는 우리세대의 현실이 되어 있었다. 관광지에서의 즐거움과 낯선 곳을 찾는 여행의 의미에 앞서 앞모습보다는 뒷모습에 더 애잔함과 아름다움이 묻어 있음을 실감하는 여행이었다.

남편이 퇴직한지 벌써 3년이 지났다. 생각해보면 지난 3년 동안 참으로 내가 조급하고 경솔했음을 느낀다. 그것은 아마도 우리나라

일반적인 퇴직나이보다 직장의 특성상 빠른 편이었고 그러다보니 남편또래의 사람들은 아직 일선에서 한창 일을 할 나이에 다가온 은퇴였으니 받아들이기가 힘들었으리라. 그런 탓에 그 사람 적성에는 전혀 맞지 않은 일에도 어디든지 내가 나서서 멍석을 깔아 나가 주기를 바랐던 내게 많은 문제가 있었던 것 또한 사실이었다. 남편 연배에 모두가 때가 되어 퇴직을 하고 가정의 일상으로 돌아가는 모습을 보면서 내 마음도 한결 여유로워졌음을 깨달았다. 그것은 결국 사회에서 바라보아 일할 수 있는 평균나이와 자신의 의욕과는 별개라는 것이다.

퇴직은 단순히 직장을 잃은 것만을 의미하지 않을 뿐더러 퇴직 후 삶의 많은 부분이 바뀌면서 권력도 능력도 재력도 예전과는 다르다는 것이다. 이렇게 퇴직 후 사라지는 많은 것에 대해 적응하기 위한 마음가짐도 물론 중요하지만 한 직장에 다니면서 인정받았던 전문성(expert power)은 퇴직 후 전혀 쓸모없는 지식이 된다는 사실에도 정직하게 받아들여야 했다. 이 사회는 퇴직 후 그 실력을 사용할 만한 기회를 좀처럼 주지 않기 때문이다. 알게 모르게 직장에서 받았던 복리후생도 회수해간다. 그러니 "일 놓자 숨 놓는다."는 말처럼 평생 일이 전부였던 사람들은 은퇴하고 나면 삶의 의미가 송두리째 사라지는 것 같은 공허감을 느껴서 은퇴 후에 극심한 우울증에 시달린다는 것이다.

그렇게 일종의 심리적인 공황기를 겪는다는데 다행스럽게도 남편은 일 중심에서 관계 중심으로 균형을 취하고 있더라는 것이다. 얼마 전 중학교 총 동문회가 있었다. 남편과 중학교 동문입장이 되어 나란히 참석하면서 특별한 느낌으로 보이는 것이 있었다. 가만히 둘러보자니 참 신기한 것이 1기와 36기는 부모와 자식 세대만큼의 세월이건만 늙고 젊음의 차별화된 모습보다는 모두가 비슷해 보이는 것이다. 말하자면 이것이 관계중심의 균형이고 어울림이라는 것, 이것이 인생 아니던가 말이다. 즉 젊음은 늙음을 무기력하다 말하지 말아야 할 것이며 늙음 또한 젊음을 무지라 흉하지 말아야 한다는 말이 실감나는 현장이었다. 충분히 아름답고 당당하게 살아오신 선배님들과 남편을 향해 가슴으로 박수를 보내고 싶었다.

삶이 때로는 지겹다 하고
삶이 때로는 살아볼만하다 했던 날들
그대 청춘 어느덧
회갑이라 하더이다

반세기를 넘어
육십갑자 돌아오니
앞보다는
뒷모습이 한참이나 길더이다

검은 머리 검은 대로
흰머리 흰 대로
그대들의 살아온 뒷모습에
깊다가 아득하여
아름다운 박수를 보냅니다

# 따뜻한 가슴으로 냉정한 판단력을

자식을 불행하게 하는 가장 확실한 방법은
언제나 무엇이든지 손에 넣을 수 있게 해주는 일이다.
- 루소

우리 아이들에게는 위로기능이라는 것이 있단다. 위로기능이란 아이들이 싸우고 부모님께 일렀을 때 편을 들어주는 것이 위로가 됨은 물론 내적자기위로기능이 생겨 늘 위로하는 어머니가 내재하고 있으며 스스로 위로의 반복기능으로 어떤 일이라도 안심하고 할 수 있게 되는 것이다. 그러한 내적자기위로기능이란 평생을 살아가는데 크나큰 버팀목이 될 수 있으며 성공적인 삶을 살아가는데 적잖은 영향을 미친다는 것이다.

그렇다면 아이의 편이 되어 손을 들어주는 경우는 어디에서 어디까지라야 독이 되지 않으면서 평생의 버팀목이 될 수 있는 것일까? 우리가 흔히 볼 수 있는 풍경들이 있다. 식당에서 제집처럼 뛰는가 하면 식탁을 건너 뛰어 난잡스럽게 노는 아이들을 종종 볼 수 있다. 옆 손님들에게 피해가 되는데도 불구하고 정녕 아이의 부모는 남의 일 구경하는 양 내버려두는가 하면 대중탕에서도 마찬가지다. 모두가 이용하는 탕 안에서 수영을 하는 아이를 향해 누군가가 주의를 주면 도리어 "당신이 뭔데 내 아이한테……."라고 오히려 성을 낸다.

이렇게 되다보니 "요즘 아이들은 어른 무서운 줄 모른다."는 말이 일상이 되어있다. 이처럼 어릴 때부터 부모가 아이에게 겸손과 배려라는 도덕성을 기본적으로 가르친 다음, 냉정한 판단력으로 위로가 되어주어야 한다는 중요한 이야기가 될 것이다. 또는 부모가 아이에게 지나치게 많은 기대를 하는 경향도 있다.

이는 아이에 대해 이중적인 태도로 나타나기 쉽다. 바로 아이가 어떤 일을 조금만 잘해도 입에 침이 마르도록 크게 칭찬하다가 어떤 일에서 사소한 실수를 하면 실패자로 몰아붙이며 아이가 스스로 '비참하다.'고 느낄 정도로 철저히 나무라는 부모의 태도도 문제다. 공공장소에서는 기를 살려주겠다고 공중도덕은 무시하고 감싸 안았다가 아이와 마주 앉아서는 지나치게 많은 것을 바라는 아이를 통한 대리만족으로 비추어지고 만다.

과유불급이라고 하였다. 칭찬도 칭찬답게 잘해야 한다. 편을 들어줄 때는 냉정한 판단력을 보이면서 합리적인 편이 되어야 약이 되는 것이다. 그렇지 않을 경우 오히려 칭찬이 아이를 망치거나 편을 들어주는 것이 오히려 독이 될 수도 있기 때문이다. 나는 남매를 키우면서 칭찬은커녕 냉정하달 만큼 바른생활과 모든 것은 혼자의 힘으로 해결할 수 있도록 해야 한다는 것을 강조해왔다. 단 한 번도 아이를 토닥거리며 편을 들어준 적이 기억에 없을 만큼 단호했었던 것 같다.

생각해보면 아이들에게 참으로 미안하다. 엄한 것도 좋겠지만 지나치게 가부장적인 내 아버지로부터 받았던 그 상처가 지금도 내게 남아있는 것을 보면 어릴 때 혼이 났던 일이나 외로웠던 기억은 어른이 되어서도 그대로 상처로 남게 된다는 것을 알겠다. 그래서 아무리 부모와 자식 간의 관계라 할지라도 더 이해하고 더 사랑하려는 노력이 없이는 금이 가기 마련이다.

그런가하면 나이가 들어갈수록 그런 관계에 지칠뿐더러 언젠가는 곪아 터지게 된다는 것이다. 화는 용수철과 같아서 참으면 한 번에 모았다가 팍 튀어 오르게 되는 법이니 말이다. 유난히 외로움을 못 견디는 딸아이나 특별히 생각이 깊은 아들을 보면서 이렇게 성인이 되기까지는 아이들에 대한 내 태도와 언어사용까지도 크나큰 영향이 있었음을 절감한다.

아이들은 참으로 영특해서 구태여 말하지 않아도 스스로 알고 터득하여 그것이 그 아이의 정석이 되어간다. 용돈을 주더라도 어렵게 주면서 편하게 쓸 수 있도록 하는 부모가 있는가 하면 쉽게 주면서도 어렵게 쓰게 하는 부모가 있다. 특히 어려운 가정 자녀들은 부모가 고생하는 모습을 눈으로 보면서 돈의 중요성과 부모의 고마움을 느낀다. 그런가하면 유복한 가정 자녀들은 그렇지 못한 경우가 많다. 돈벌이의 어려움이나 부모의 고생을 잘 실감하지 못한 상태에서 부모는 부모대로 자식 결혼이 자기 결혼이라고 착각하고 자녀는 자녀대로 부모의 재력이 자기 재력이라고 착각하는 경우가 적잖다. 이는 어릴 적 내적자기위로기능이 중요한 만큼 부모를 항상 가슴에 담고 어른이 되어간다는 것이다. 부모 가슴에 자식을 품고 사랑하고 관여하는 것, 물론 중요하겠지만 자녀들이 냉정하고 성숙한 가슴으로 어른이 되어갈 수 있도록 부모로부터 냉정한 판단력을 보여주는 역할 또한 대단히 중요할 것이라 여겨진다.

내 몸 같이 움직였던 자동차를 보내고
새 차를 장만해서
아들에게 소식을 전했습니다

“엄마 좋아?”
“그럼
열심히 살아온 내가
나에게 주는 선물인데 행복하지!”
그랬더니
“엄마가 행복해하는 만큼
그 선물
내가 해주지 못해서 많이 쓸쓸하네.”

회선을 타고 오는
아들의 쓸쓸함이
살아가는 이유처럼
살아내는 의미처럼
우주를 보듬은 맑은 구슬 하나가
내 깊은 가슴 한 바퀴 또르르 구르다가
목젖을 밀고 올라오는 그것

다시 삼키려 하늘 한 번 쳐다보는데
눈치 빠른 초가을 하늘
눈부시게 파랗습니다

# 자식 욕심 이름 욕심

귀한 자녀에게 재산과 논밭을 주느니 좋은 이름을 주어라.
- 예수

"호랑이는 죽어서 가죽을 남기고 사람은 죽어서 이름을 남긴다."는 속담이 있다. 이처럼 호랑이의 중요성은 가죽에 있고, 사람은 이름이 중요하다는 뜻이다. "이름값을 하라."는 말도 같은 뜻에서 이해할 수 있겠다. 사람은 누구나 이름을 가지고 있으며 그 이름은 평생 불리어지는 파장의 기운이어서 자신에게 항구적으로 지대한 영향을 미친다.

어린 시절에는 아명이나 별명으로 부르기도 하며 특히 옛날에는 병마가 그 아이의 이름을 모르게 하기 위하여 아주 흔한 이름을 불렀다고 한다. 그리고 결혼을 하면 자기 자신을 한마디로 나타내는 상징적인 이름인 자(字)를 갖게 되는데 자(字)는 오늘날 인터넷에서 사용하는 아이디 또는 닉네임에 해당한다고 볼 수 있겠다. 그렇게 어느 정도 사람 구실을 하게 되면 주위에서 호(號)를 붙여주기도 한다. 그런가하면 성경은 하나님의 축복이 이름에 임한다고 했다.

처음 만나는 사람과 통성명을 할 때 소개받은 이름만으로도 반갑고 슬며시 웃음이 나오며 행복해지는 축복받은 이름이 있다. 아이를 낳으면 작명소를 찾아 사주팔자와 맞추어 좋은 이름을 짓기 위해 많은 고심을 하는 사람들도 적잖게 있다. 그러나 나는 내 아들과 딸의 이름을 즉흥적으로 내가 지어 주었다. 그저 부르기 쉬우면서도 흔하지 않은 아주 특별하기를 바라는 염원을 담아 지었기에 아이들이 청년기에 들 때까지도 참으로 만족스러웠다.

그런데 자식 욕심이 많은 탓일까? 아니면 이름에 대한 욕심 탓일까? 호적에 올려 진 이름 이외에도 휴대폰에 저장해둔 이름으로 딸아이에게는 내 사랑이라 칭한다. 사랑이라는 말은 왠지 잔잔하고 부드러운 느낌이며 자분자분하다. 큰 기대감도 없으면서도 크게 와 닫는 절절함을 생각할 때 딸에게 주는 애칭으로 참 맘에 든다. 아들 녀석에게는 내 희망이라 칭한다.

희망이라는 것은 있는 사람에게는 있고 없는 사람에게는 없는 것처럼 있는 듯 없는 듯 그러면서 우리 삶에 빛이 되어주는 길과 같은 것이다. 거창한 것도 아니면서 든든하고 큰 것, 희망이 있어서 존재감과 의욕과 욕망이 되는 것이기에 그 또한 아들 녀석에게 준 희망이란 애칭을 사랑한다. 얼마 전에는 딸아이가 출가를 하게 되어 사위가 생겼다. 나는 사위를 내 보배라 칭한다. 사위도 자식과 진배없다고는 하지만 참으로 어려운 건 사위였다. 그러나 내 딸이 있었기에 생겨난 한없이 귀하고 소중한 또 하나의 가족, 우리의 보배인 것이다.

우리가 아내와 남편을 부를 때 "여보, 당신"이라 한다. '여보'는 '보배와 같은 사람'이란 뜻을 가지고 있으며 '당신'은 '내 몸과 같다'라는 말이라 한다. 내 딸에게 존귀하고 보배로운 사람 그 사람이 내 사위이기에 그 또한 흡족한 애칭이다. 이제 나에게 며느리가 생기면 내 소망이라 하겠다. 아들이 선택해 그와 한 몸을 이루어 둥지를 틀어 살아줄 때 남자와 여자라든지 어느 쪽을 칭하여 갑과 을

의 관계가 아닌 각자의 인격체로서 큰 기대감을 갖지 않으면서 가슴에 품은 사랑, 즉 소망 말이다. 참으로 감사할 일이다. 그야말로 사랑스러울 것 같다.

이름은 자신을 나타내는 브랜드(brand)이다. 기업은 자기 회사의 이름인 브랜드를 알리는데 과감하게 투자를 한다. 브랜드는 그 회사가 판매하는 제품이나 서비스의 얼굴이고, 소비자들이 이름을 들었을 때 떠오르는 이미지다. 물론 사람도 이름을 남긴다는 것은 출세해서 묘비명에 아무개 판서 누구라고 쓰는 것이 중요한 것이 아니라 의로써 이름을 남긴다는 것이기에 내 사랑 쥬리와, 귀한 사위가 되어준 내 보배 민호, 그리고 내 희망 수렴이는 내가 지어준 이름과 불러주는 애칭에 대한 이름값도 똑똑하게 잘할 것이며 의로써 멋지게 살아갈 것이라 믿는다.

달콤하고 설레던 세월이 봄처럼 지나갔는가 하면
무정하고 서늘한 세월이 가을처럼 다가와
그지없이 허무함으로 뒤돌아보니

내 몸에서 태어난 자식이
어느덧 열매를 맺어
어린 꽃들이 여럿인 것을 보면
힘차게 진땀만 빼고 살아온 세월은
깊고도 깊은 까닭이 됩니다

그렇게 자식에게서 세월이 보입니다

# 칼로 물 벤 자리의 상처

삼 주 동안 서로 관찰하고, 석 달 동안 서로 사랑하고,
삼 년 동안 서로 싸우고, 30년 동안 서로 참는다.
그리고 그런 와중에서 태어난 아이들이 똑같은 일을 반복한다.
- 아폴리트 텐

나는 내 부모님께서 부부싸움 하신 것을 한 번도 본 적이 없다. 다만 남자가 갑이고 여자가 을이었던 조선시대의 가정처럼 늘 순한 어머니를 향한 일방적인 아버지의 퀭한 눈과 찌렁찌렁한 고함소리만 남아있다. 사실은 그런 어린 시절이 지금의 내게 어떤 영향을 미치고 있는지조차 모르고 살았다. 그런데 쉰 살이면 드디어 천명을 알게 된다는 지천명의 중반에 어느 덧 내 딸아이가 자식을 둔 엄마가 되어있었다. 그리고 백일 지난 아이를 보며 내게 토해낸 고백이 나를 참으로 당황하게 했다. "라온이 앞에서는 남편과 싸우지 않겠다."는 내가 당부하지 않은 결심을 보이는 것이었다. 그리고는 어릴 적 아빠 엄마가 말다툼이라도 하면 온종일 불안했었고 학교를 가도 온전히 공부할 수 없었던 기억, 그 무거웠던 마음을 이제야 토해낸 것이었다.

딸아이가 출가한 후 거의 매일 통화를 했다. 친구처럼 자매처럼 수다를 떨고 아이가 태어나니 내가 아이를 키우던 경험을 이야기하곤 했었다. 그런데 문득 그 이야기를 듣는 순간 휴대폰을 잡고 어

디로든지 숨고 싶은 불편함과 얼굴이 화끈거리는 부끄러움을 감출 수가 없었다. 그동안 나는 남편과 불편한 일이 생기더라도 아이들이 청년이 되면서부터 조심스럽다고 생각했다. 내 아이들이 어릴 때 보여준 우리부부싸움의 기억은 다 없어졌다고 생각했다. 그래서 곧잘 하는 말이 "아이들이 자라니까 이제는 부부싸움도 못하겠다." 라고 했는데 웬걸 내 아이가 부모가 되기까지 그 기억을 품고 있었던 것이다. 그리고 아직 상처로 남아있음을 확인하면서 돌이킬 수 없는 새로운 아픔에 시달려야 했다.

그렇다. "부부싸움은 칼로 물 베기"라는 말이 있다. 부부가 다투었다가도 시간이 지나면 다시 풀려 사이가 좋아짐을 비유적으로 이르는 말이다. 하지만 시대가 지나면서 많이 달라진 요즘의 부부싸움은 결코 물 베기가 될 수 없는 가정폭력으로 생명에 위협을 느낄 만큼 안타까운 현실이다. 어린아이들에게 보여준 부부싸움은 마음의 상처가 되며 자녀들에게는 불안감을 느끼게 하는 매우 위험한 현실이다. 여러 가지 통계가 보여주듯이 가정폭력은 습관화되어 상습적이고 지속적으로 발생하고 있으며 어린 시절에 가정폭력에 노출되거나 경험한 아이들이 성장한 후 부부 갈등에 공격적인 수단을 선택하는 대물림 현상도 나타나고 있다. 이미 가정폭력은 더 이상 집안일로만의 치부가 아니며 그저 부부간에 싸움으로만 보아서는 안 되는 사회적인 문제가 된지 오래이다.

애초에 결혼은 무엇 때문에가 아니라 무엇임에도 불구하고 성사되어야 하며 촌수가 없는 부부지간이라 할지라도 서로의 기준설정을 잘 해야 행복할 수 있다. 옛날과 달라진 것이 많아졌다. 경제도 자녀양육도 부부가 함께 해결해가야 할 몫이기에 적당한 거리를 두고 자유로워야 잘 살 수 있다고 본다.

어느 부부에게나 죽는 날까지 화려하고 아름다울 것 같은 신혼 때가 있었다. 그 신혼 초에는 누구나 깨가 쏟아지는 사랑을 한다. 그러나 깨를 털고 나면 더 이상 나올 것 없이 빈 쭉정이만 남기에 깨가 쏟아질 때 잘 조율하고 살아야 한다. 그만큼 데면데면 살기도 하지만 '부부는 노력과 연구가 필요하다.'라는 것이다. 즉 남자는 찌릿찌릿 몸으로 사랑을 하고 여자는 찡한 마음으로 사랑을 한다면 찌릿찌릿한 사랑이 찡한 사랑으로 변해야 한다.

아내는 사실로 밥을 해주지만 엄마는 진실로 밥을 해준다는 말이나 마누라는 때릴 수 있지만 장인의 딸은 때릴 수 없고 남편 밥은 안 줄 수 있지만 시어머니의 아들은 굶길 수 없다는 애틋한 그야말로 인간적인 말처럼 함께 사는 세월이 얼마가 흐르든 간에 부부만으로 가정이 유지되는 것이 아니라 내 자녀에게 보여주어 본이 되어야 할 거울이 되기도 한 것이다.

감정은 곧 돌아오지만 반복되는 원인이나 자녀들에게 남기게 되는 기억은 칼로 물 벤 자리에 큰 상처로 영원히 남게 될지도 모를 일이다. 결혼생활이 오래되면 남자는 전과가 쌓이고 여자는 한이 쌓인다지 않던가? 이길 수 있는 방법이 없는 부부싸움, 대부분의 싸움은 선수끼리 하여 심판에게 승부를 가리게 하지만 부부싸움은 선수뿐만이 아니라 심판까지 겸임해야 하므로 답이 없다는 것을 알겠다. 답이 없는 문제지에 공연히 펜 자국을 남길 필요는 없지 않겠는가?

처음 그 순간
티끌 없이 맑디맑아
목숨까지 걸어 두고
바라만 보아도 좋을 사랑이었어

살다 보니
자분자분 따순 그 사랑 말고도
또 다른 것을 갖고 싶어
안달했던 젊은 날도 있었어

어느 한 날
연애편지 같은 후끈한 관심도
필요 없이
각자 잘 살면 장땡이라 여긴 적도 있었어

그러던 어느 날
서로는
서로의 그림자마저 보듬고 기울더라

사랑
그 한마디의 사무침보다
홍역처럼 앓고 지나온
기막힌 청춘의 동반자여

# 어머니가 아버지를 만든다

남편 속에는 한 사람의 사나이가 있을 뿐이다.
아내 속에는 한 사람의 남자, 한 사람의 아버지,
한 사람의 어머니가 있으며 다시 한 사람의 여인이 있다.
- 발자크

아침 드라마에 여자들의 눈이 집중되어있다. 세상이 지금 어디를 향해 어떻게 가고 있는지를 살피려면 TV아침 드라마를 보면 대략 알 수 있다. 가족에 대한 고민이 불륜과 복수와 같은 막장드라마로 이어지고, 모두 삶의 가치를 찾지 못하고, 스릴로만 찾으려는 자본주의 모순이 느껴지는 것이다. 가족과 도리가 금전만능 가치로부터 소멸되어진 이것은 산업사회와 현대 사회에서 불러온 안타까운 현실이다. 여기에 아버지에 대한 이야기는 얼마나 되던가 말이다.

예전에는 '아버지의 자리'가 있었다. 우리 온돌문화로 말하자면, '아랫목은 아버지의 자리다.'였다. 아버지가 아랫목에 앉는 것, 우리 어머니도 그 자리는 탐내지 않으셨다. 거기는 아버지의 자리이니까. 때로는 어머니가 몸살이 나서 뜨거운 데에 몸을 지지고 싶어도 가급적 눕지 않던 그 자리 말이다. 하물며 동네 어른이 와도 '어르신 추우신데 여기 앉으시죠?' 그래도 사양했던 아버지의 자리……, 하지만 요즘은 아버지라는 개념이 사실은 표현이 잘 되지 않고 있다.

'웃지 않는 아버지가 웃는다.'하여, '근엄하고 권위적이었던 아버지가 유머러스하고 잘 놀아주며 아이들의 형편을 잘 이해해준다.'하여 아버지의 권위가 없어지는 것은 아니다. 그러함에도 불구하고 지금의 아버지는 연약하고 작아진 이유는 무엇일까?

아버지는 다 똑같다. 커다란 시대적 어려움에 대한 느낌이 똑 같고, 살아온 과정, 살아온 의식, 앞으로의 미래, 살아온 경험, 이런 것들이 그 범주에서 크게 바뀌지 않는다. 꼭 배를 채워야지 살아가는 것이 아니듯이 삶의 가치관을 존중하며 살아가는 모습이 더 아름다울 수도 있는 것이다. 남자는 자기 가족을 먹여 살려야 한다는 본능이 있으며 풍족하게 해주고 싶은 욕망은 모든 남자가 다 그러할 것이다. 그때 가족은 아버지의 울타리를 만들어주어야 한다.

경제가 어려워서 아버지의 자리가 연약해진다는 현실은 참으로 슬픈 일이다. "이 세계는 남자가 다스리나 남자는 여자가 다스린다."라는 말이 있다. '다스린다.'라는 말에 거부감을 느끼기는 하나 그 말은 곧 '남자는 여자하기 나름'이라는 말과 상통하는 것 같다. 이 세상의 많은 부부들 보면 어찌 그리 천생 연분인지 모른다. 그런데 그 부부들이 살아가면서 싸우고 또 그러다가 '사니 못사니' 하면서 갈등도 했다가 어느 때는 행복이 넘치는 모습을 보이기도 한다.

그러한 많은 남자들이 '연약한 건 여자가 아니라 남자'라고 오히려 고백하고 있다. '가슴이 넓기는 남자보다는 여자'라고도 이야기한다. 이 무슨 역설인가? 하지만 훌륭한 아버지는 아내의 생각에서부터 비롯된다. 자녀와의 접촉과 대화가 많을 수밖에 없는 어머니의 태도와 말투가 아버지의 위상을 세워 주는 것이다.

자녀들 앞에서 무심코 던진 아버지에 대한 불평이 자녀들에게는 우상처럼 보였던 환상을 일시에 깨뜨리게 만든다. 그래서 '완전한 아내는 완전한 남편을 기대하지 않는다.'고 하며 '현명한 아내는 순종으로 남편을 지배한다.'고 한다. 이 세상에서 존경하지 않는 이에게 지배받는 것처럼 고통스러운 일이 또 있으랴.

막장 드라마는 젊었을 때 문제가 많았던 남편이 늘그막에 돌아오면 "당신도 한 번 당해봐라."라는 이야기로 이어나간다. 그리고 아내 역할을 등한시하다보니 그러한 정서에 젖어 그렇게 따라 살아가게 되는 것이 현실이다. 작가의 의지로 드라마는 진행될 수 있지만 드라마를 시청하는 아내와 어머니는 결국 올바르게 자라야 할 내 자녀들을 위하여 바로 서야 한다. 시대가 아무리 변하여도 아버지란 자리는 하나의 축이며 축이 흔들리지 않고 온전하게 유지되고 있어야 한다. 아무리 시대가 변한다 해도 아버지의 위치와 역할은 변할 수 없는 것이다.

물론 그 축에는 웃음도 있고, 유머도 있고, 자녀들의 정서와 아내를 위하고 이해해주는 마음도 다 포함하고 있어야 한다. 그래서 자리가 참 중요한 것이다. 아버지라는 자리가 참 어렵고 힘들 것이다. 때로 아버지는 선배처럼 느끼는 것을 같이 공유하고 싶고, 같이 이야기하고 싶겠지만 노인네가 되면 하지 말라는 것 중에 하나가 '말을 많이 하지 마라.'라는 말이 있듯이, 자녀들에게 이야기해주고 싶지만 '아버지는 말이 많아.' 이렇게 말 한마디도 효력을 상실할까 두려워 입 다물고, 중요한 이야기만 한다면 이 또한 얼마나 잘못되어지고 있는 일인가?

부모란 자식 인생의 정답이라 할 만큼 많은 경험을 가졌는데 말이다. 이 모든 경제적 이상과 현실이 극적으로 충돌하는 현시대를 배경으로 사는 아버지는 더 불안할 수밖에 없으며 덜 적극적일 수밖에 없다. 그러함으로 이 시대의 아버지들과 남자들이 참으로 짠하고 안타까울 때가 많다.

지금 우리의 현실은 이러한 아버지의 보이지 않는 연약함과 노고를 어머니가 품어주어야 하며 이렇듯 보이지 않는 남자의 약해져가는 의욕에 여성들이 불을 지펴주어야 할 때이다. 그러함으로 이 세상은 화려함 속에 평화로울 것이며 설레임 속에서 차분한가 하면 경제는 물론이고 이 세상이 지금보다 훨씬 생기 있고 활기차지 않을까 싶다.

구운 달걀과 냉커피의 조화로운 풍경에
처음 보는 사람으로도
맨몸이 낯은 친숙한 정담이 흐르는
새벽 사우나부터
축제의 계절에 축제 같은 여자들
꽃피는 시절에 꽃 같은 여자들
여성인권 존중을 외치는 깃발 같은 여자들
그렇게 화려한 여자들의 세계 속에

금쪽같고 권총 같은 휴대폰 안에서
천국처럼 춤을 추는 여자들을
은밀하게 들여다보다가
지옥처럼 떨어져 쩔쩔매는 남자들

여자의 사랑이 차고도 넘쳐
질투가 나면
여자가 몰라도 되는 사랑을
혼자 피우다가 미투가 되어
자꾸만 문 밖으로 내밀리는 남자의 자리

한 여자만을 아내라고 부르는 남자
한 여자 앞에서만 바보가 되는 남자
한 여자의 가슴을 뒤흔들어
끝끝내 양심으로 사는
이 나라의 수많은 남자들이여

여자의 남자라서 좋은
남자 중의 남자라서 좋은
우리의 남자들을 응원합니다

# 나는 아들의 행복을 훔쳐보았다

눈물로 걷는 인생의 길목에서
가장 오래, 가장 멀리까지 배웅해주는 사람은 바로 우리의 가족이다.
- 권미경

지난 12월에 있었던 일이다. 유난히 가슴이 따뜻하고 감성이 풍부할뿐더러 생각이 깊은 탓인지 여행을 좋아하고 즐기는 아들을 위해 자동차를 선물하고 싶었다. 매번 차를 사준다했지만 거절해왔기에 그날은 의논보다는 거의 통보라는 말을 하면서까지 올 연말에는 자동차를 사주겠다며 어떤 종류와 어떤 색상을 좋아하는지를 물었다. 여전히 거절하는 아들은 잠시 여행이 필요하면 렌터카를 이용하면 되거니와 연말에 차량 렌트 비용이 다소 저렴하다면 해마다 연말은 있는 법이니 서두르지 않겠단다. 그러면서 눈이 오거나 비 오는 날씨에도 자전거로 통근을 고집하는 것이었다.

사실은 젊은 친구들이 좋은 자동차를 끌고 다니는 모습을 볼 때면 그 친구들 본인의 힘으로 구입하고 유지하는 것일까? 라는 생각과 함께 은근히 아들에게 미안하기도 했을 뿐더러 누구한테도 부려보지 못한 투정도 엄마한테는 부려도 되는 일이 부모자식 관계이련만 세상에서 가장 편한 엄마한테도 단 한번 투정부리지 않고 어른이 되도록 커버렸으니 아프고 짠한 마음에 자동차 한 대쯤 선물하고 싶은 마음이었으리라.

나이 서른이 다되도록 살아오면서 엄마에게 마땅치 않은 부분이 어찌 없었겠는가? 바람이 어찌 없었겠는가만 '어쩌면 그토록 순종으로만 자랄 수 있을까?'할 정도로 바르게 자라주었기에 생각만 해도 그냥 아픈 것이다. 모든 부모가 그렇듯 나 역시 궁극적으로 바라는 것은 자녀의 행복이다. 자기가 좋아하는 일을 생업으로 하는 사람처럼 행복한 사람은 없다. 자신이 하고 싶은 일, 장래 희망에 대한 자녀의 속내를 진지하게 들어주고 이해하여 칭찬과 격려로 자녀가 진로를 선택할 수 있도록 버팀목이 되어주는 것이 부모로서 할 수 있는 최선일 것이다.

그런데 지금 나는 부모 역할을 잘 해냈을까? 어렸을 적부터 좋아하는 일을 하고 살라는 말을 입에 달고 살았건만 정녕 아들의 전공과는 무관한 직업에 내 상식과 경험만으로 밀어붙이지는 않았는지? 전공분야에서 일 잘하고 있는 아이를 안정적이라며 시대적인 정서를 엄마니까 더 잘 안다며 이직을 부추겼다.

아들은 마음을 다잡지 못하고 뜬구름처럼 머물러 벌써 8개월이 지났다. 그리고 지난주 두어 평 남짓한 고시텔에서 자그마한 원룸을 계약하여 이사를 하겠단다. 사실은 그동안 일주일에 한 번 정도는 밑반찬 정도 가져다주면서도 고시텔 건물 밖에서 전해주고 돌아오곤 했었다. 물 한 잔 끓여먹기도 옹색한 공간에서 지내는 아들녀석이 늘 걸리고 짠한 마음에 차라리 눈으로 보지 말자는 것이었다. 그런데 얼마 전 원룸이라도 준비하여 이사를 하겠다는 말을 들었을 때 전세금이 좀 비싸더라도 환경도 좋고 편안히 쉴만한 공간으로 옮기기를 바랐고 '전세금의 일부 도와주겠다.'고 했건만 스스로 모은 돈 액수를 벗어나지 않은 범위에서 방을 물색하여 이사를 하게 된 것이다.

사우나를 좋아하는 엄마가 하룻밤이라도 묵을 것을 생각하여 목욕탕과의 거리와 주차공간을 고려하여 방을 선택했다는 것이다. 그렇게 메트리스 한 장과 소소한 필수품으로 계획했던 이사를 해놓고 "엄마! 온전히 내가 번 돈으로 마련한 내 첫 집이네." 혼자 중얼거리듯 보내온 아들의 그 말이 참으로 가슴 벅차오름을 느꼈다. 자발적인 고난은 축복이 된다는 것이 이에 마땅한 비교가 될지는 모르겠으나 많고 크지 않더라도, 편리하고 순조롭지 않더라도, 스스로의 길을 스스로 해결해가면서 스스로 뿌듯해하는 아들의 작은 행복을 비로소 훔쳐 본 것이다.

"엄마 나 행복해!"라는 말이 아닐지라도 엄마인 내가 보기에 그 모습은 분명 아들의 소중한 행복임을 느낄 수 있었다. 간단히 저녁식사를 함께하고 돌아오는 동안 집도 구해주고, 자동차도 사주고, 능력이 된다면 무엇이든 다 해주고 싶었던 그동안의 마음이 부끄러웠지만 부끄럽지 않게 생각하려 애쓰고 있었다. 이것이 부모마음일 뿐더러 내 어머니도 내게 그러하셨으리라 여겨지기 때문이다. 빌게이츠는 "인생은 공평하지 않다는 사실에 익숙하라."하는 인생역전을 말했듯이 젊은 나이에 인생역전이라기보다는 내 아들이 주어진 환경에 충실히 노력하고 마음으로부터 만족할 줄 아는 그런 행복한 사람이기를 바란다.

## 아들의 말

아들에게
하고 싶은 일을 하면서 살라며 키웠는데
장성한 아들이
어떤 일을 하느냐보다는
어떤 사람들과 하느냐가
더 중요하다고 말합니다

나는
가랑비에 옷 젖는 줄 모른다는 말처럼
함께 하는 사람으로 하여금
가슴까지 젖는다는 것을 깨닫는데
반세기가 걸렸는데

일보다
관계의 소중함을 깨달은
아들의 말에
가슴이 벅찹니다

# 효와 사랑의 실천도 때가 있다

나무가 조용히 서 있고자 하나 바람은 멎지 아니하고,
자식이 효도하고자 하나 어버이가 기다려주지 않는다.
-「연수약언」 육어 중에서

하늘에서 가을이 내려왔다. 9월 18일 오전 9시, 목포에서 출항하는 씨스타크루즈호를 이용하여 우리 세 식구는 추석연휴동안 제주도여행을 떠났다. 온 가족이 함께 떠나보지 못했던 여행을 딸아이가 출가하고 남편이 퇴직을 하여 아쉽지만 아들과 세 식구가 떠나게 된 셈이다.

계절이 바뀔 때마다 상념에 젖고 문득 숙연해지는 일이야 계절과는 무관하게 이미 습관처럼 되어버렸지만 나와 함께 나이 들어가는 가을 속으로 가족이 함께 떠나는 여행, 더욱이 아들이 동반하다 보니 평소 일상에서는 용감하고 씩씩했던 나의 의지와는 달리 사소한 것까지도 아들에게 의지하게 되는 것을 보면 늙어감을 편안하게 받아들이는 자세가 훨씬 자연스럽지 않겠나 하는 생각이 들었다.

물론 이번 여행에 관한 모든 것을 아들이 꼼꼼하게 계획하고 준비했던 터라 우리 부부는 어느 때의 여행보다 알차고 편안하게 즐길 수 있었다. 제주도, 국제적인 관광지인 만큼 요지 요지마다 알뜰하게 계획을 하고 시간을 낭비하지 않으면서도 조급하지 않게 둘러볼 수 있어서 참 좋았다. 가는 곳마다 아름다운 배경을 선정하여 엄마 아빠를 세우고 카레라에 담아주는가 하면 그 지역의 맛집을 검색해 음식까지 꼼꼼하게 챙겨주는 아들의 세심함에 차마 고마움보다는 부담과 미안함이 더 큰가 하면 내 부모님에 대하여 죄스러움까지 느끼게 하는 여행이었다.

생각해보니 나는 내 부모님께 아들이 내게 한 만큼 마음 써보지 못했다. 어쩌면 인생은 품앗이인 것을, 물론 어머님께서 일찍 저 세상으로 가셨다거나 그때는 그럴 수밖에 없었달 수도 있겠지만 사실은 그 어떠한 경우도 핑계가 아니었겠는가? 관광지 어디를 가도 올망졸망한 자녀들을 데리고 나온 젊은 부모들을 쉽게 만날 수 있다. 평소에는 그러한 그림들도 그냥저냥 보아왔던 것인데 참으로 생각의 차이로 하여 이토록 가슴이 무거워질 줄이야.

늙거나 젊거나 부모가 자식을 데리고 나서는 일은 누구나 기쁨으로 할 수 있는 일이 아니던가? 마냥 사랑스럽고 자랑스러울 테니 말이다. 하지만 자식이 늙어가는 부모를 모시고 나설 때는 때로 답답하고 때로 젊음과 늙음의 사고 차이로 인하여 맘에 들지 않은 것들이 어디 한두 가지이겠는가? 그러나 그 어려운 일을 아들이 불편한 표정 한 번 보이지 않고 3박4일의 일정을 잘 조율해내는 모습을 보면서 반면 내 부모님께 참으로 죄스러움을 느낀 것이다.

나는 남매를 낳아 기르면서 직장이 있어서, 바빠서, 또는 시부모님 모시고 산다는 이유로 그 아이들이 자라는 과정을 조목조목 카메라에 담아주지 못했고 어린이날이면 여기저기 복잡하다는 핑계로 함께 나가주지 못했다. 그런데 우리들의 늙어가는 모습을 기쁨으로 담아내는 아들을 보며 내 부모님께 효도 한 번 못한 것이 마음에 걸린다. 내 아이들을 키우면서 부모역할 온전히 못했건만 자식으로부터 이토록 관심과 효를 받는다는 것이 대견함과 기쁨보다는 큰 빚을 진 마음이다.

어쩌다 사랑으로 씨앗 하나 뿌려 남매를 얻어 너무 바르게 자라준 아이들을 보며 늘 내게 행복 플러스요인 중의 하나로 여겨왔었다. 좋으면서, 아프면서, 이것이 부모 된 마음이려니 했건만 자식을 바라보며 내 부모에 대한 자식된 자신을 거울처럼 들여다보니 감히 어머니가 눈물이라면 자식은 아픔이라는 생각을 해본다.

내가 태어날 때 크나큰 바윗돌 하나 안아다가
내 어머니 가슴에 턱 하니 올려드린 채
그 바윗돌 다시 되찾아오기 전에
이미 저세상 가셨다

내가 자식 낳아 길러보니
진자리 걷어내고 스스로 마른자리 찾아가면
다 되는 줄 알았건만
자식 생각 할 때마다 죄 하나 더 쌓는 아픔인 것을 보면
부모 가슴에 얹어놓은 바윗덩이 되찾아가는 자식 없으니
가벼이 내 갈 길 가는 모습 지켜보시던
내 어머니도 그러하였으리라

보통 우리는 인사도 때가 있다고 말한다. 부모님께 효를 행한다는 것, 분명 때가 있는 것이다. 비단 효뿐만이 아니라도 부모가 자식을 낳아 기르는 과정에도 사랑을 주어야 할 때, 관심을 가져야 할 때, 때로는 무관심해야 할 때가 있으니만큼 데면데면 넘어갈 일

은 없는 것이다. 정성을 다해 자녀를 양육해야만 자신이 늙어가는 과정이 떳떳하지 않겠는가.

물질적인 빚이야 세월 흘러 생활이 풀리면 갚는다 치더라도 때를 놓치면 갚을 수 없는 빚이라는 것이 바로 부모 자식 관계에 책임과 의무 안에 더 아름다움으로 턱 하니 자리하고 있는 효와 사랑의 실천이 아닌가 싶다.

# 제6부 울고 있는 아이

# 울고 있는 아이

타인에 관해 여러 가지를 알고 있는 사람은 박식한 것이지만,
자신에 관한 것을 잘 알고 있는 사람은 지혜로운 사람이다
- 노자

한 아이가 울고 있다. 자기만 양보해야하는 것이 억울해서 울고 있다. 아이니까 양보해야 하고, 어른이니까 양보해야 하고, 아픈 사람이니까 양보해야 하고, 타고난 성격이 저러하니 양보해야 하고, 이게 뭐냐고? 왜 나만 늘 양보해야 하냐고 아이는 소리를 지르고 어깨를 들먹이며 울고 있다. 누가 좀 안아주기를, 얼마나 힘이 드느냐고 누가 어깨라도 토닥거려주기를, 손이라도 따뜻하게 잡아주기를 바라고 주위를 둘러보지만 아무도 쳐다보지 않는다.

저 사람은 원래 속이 깊어, 저 사람은 원래 강해, 저 사람은 무엇이든 혼자서 잘해내니까 그러니 양보하는 것은 너무나 당연해, 스스로 그 말에 갇혀 억울하다는 말도 못 꺼내고 혼자 펙펙 울고 있다. 그런데 나도 모르는 크나큰 계기가 있었나 보다.

어느 순간 그 아이가 나라는 것을 깨달았다. 살면서 억울한 마음이 들 때가 전혀 없었던 것은 아니지만 어차피 내 삶의 몫은 내가 지고 가야 하는 것이기에 마음을 잘 닦아 이 세상에 온 소명이라 여기며 살았다. 내게 주어진 삶에 진실되게 최선을 다하는 것이 참 잘 살아내는 것이리라 여겼었다. 그런데 악악대며 울고 있는 유치

찬란한 저 아이가 나 자신이라는 것을 알았을 때, 표나지 않게 꼭꼭 잘 여며 놓았을 뿐 마음 저 깊은 곳에는 크나큰 분노가 있었다.

그 아이는 그동안 외롭지 않은 척 위장하느라 얼마나 힘들었을까, 억울하지 않은 척 위장하느라 얼마나 힘들었을까, 화나지 않을 것처럼 위장하느라 얼마나 힘들었을까, 아, 난 왜 그 아이를 의식적으로 없애려고만 했을까, 남의 마음까지 내 맘 쓰듯 살지만 흘러가면 잊어버린 듯, 그래서 피를 철철 흘리고 있는 상대에게 아무 일도 없었던 듯, 자기는 아무 상관없는 듯, 그렇게 살아가는 사람들을 수없이 보아왔다. 사실상 마음이란 너무나 방대하고 넓은 영역이기에 상대가 나 하나를 어떻게 생각한들 내 맘대로 바꿀 수도 요구할 수도 없는 일이 아니던가.

그래서 도덕적 의무감, 이성적 논리, 당위성 진리를 머리가 이해했다면 나는 아직 나인 그 아이를 찾아내지 못했을 것이다. 나는 비로소 알았다. 종종 맞닥뜨리지 않을 수 없었던, 걷잡을 수 없이 터져버릴 것 같던 그 격렬한 감정이 어디에서 온 것인지. 자존심은 자신이 누구인지 잘 알고 스스로를 소중히 여기며 자신이 해낸 일에 대해 스스로 자랑스러워하는 마음이다. 그래서 자기 자신을 사랑할수록 우리는 한층 사랑스러워진다는 것이다.

사랑이라는 이유로 아프게 하거나 표현하지 않아서 모르게 하는 것만큼 나쁜 것은 없는 것이다. 마음의 힘은 자존심을 키우는 기본이 되는 것이다. 자존심은 자신을 지키는 데 매우 중요한 마음이기 때문에 배우고 내 것으로 만들어야 한다. 그런데 많은 사람들이 자존심에 대해 남보다 우월하다고 느끼는 교만함이나 타인에 대해 우쭐거리는 자만심 등으로 오해를 하고 있는 것이다.

그런 이유로 관심을 먹고 자라야 할 아이, 지지를 먹고 자라야 할 아이, 사랑을 먹고 자라야 할 아이, 그 아이에게 남은 물론 자신부터 늘 그러하다 치부해버리고 관심도 사랑도 지지도 주지 못했으니 더 이상 자라지 못한 채 갇혀 있었던 것이다. 내가 나 자신을 가장 뜨겁게 사랑하자고 다짐해놓고, 자신을 먼저 존중하고 사랑하라고 말해놓고 다른 사람은 그만 두고라도 나조차 그 존재를 알아차리지 못했으니 누가 그 아이를 토닥였겠는가.

자존심이 약한 아이는 열등감, 무기력, 소심함 등 심리적으로 불안한 상태가 되기 쉽고 자신을 가치 있게 여기지 못할 뿐 아니라 다른 사람도 멸시하는 태도를 갖기 쉽다. 따라서 정신적으로 건강한 사람으로 성장하기 위해서는 마음의 힘과 올바른 자존심을 키워야 한다는 것이다. 이는 비단 자라는 아이 뿐만이 아니라 이 사회에 어깨동무하고 살아가는 모든 이에게 자기사랑의 힘과 진실일 듯하다. 드디어 뒤늦게야 그 아이는 내 안으로 스르륵 미끄러져 들어온다.

눈 내리는데 진홍빛 개발선인장이 함초롬히 피어난다.

나부터 뜨겁게 사랑하리라.

자기 과시의 시대에
나지막이 내 삶을 숨겨놓고
들여다볼수록 노닥거리고 싶은
아름다운 이야기 하나

어찌할 바 모르는 기쁨과
감당할 수 없는 슬픔을 품었다가

시로 웃고
시로 울음 울 수 있는
삶의 노래 한 가락

만약에
시로 노래하지 않았다 하여
비밀이 되지 않는다면
얼마나 누추하고 초라할 것인가

끝까지
내가 내 인생의 술래가 되지 않을래

# 차조밥 도시락

어려울 때는 과거를, 즐길 때는 현재를,
어떤 일을 할 때는 미래를 생각하여라.
- 쥬베르

아침에 출근하여 9시가 약간 넘으면 어김없이 휴대폰의 메시지 알림 벨이 울린다. 도청 위생계에서 오늘의 식중독 지수를 알려주는 것이다. 해마다 전국 어디쯤에서 식중독 사고 없이 지나간 적이 없는 실정이므로 각 관련기관이나 학교급식 실무자들은 항상 긴장하지 않을 수가 없다. 게다가 중국산 등 수입농산물의 상당수가 농약 등에 무분별하게 오염돼 있어 학생들의 건강마저 위협한다는 지적을 받고 있는가하면 올해도 식중독 사건으로 많은 학생들이 고통을 받아 충격을 받기도 했다.

급식사고가 생기고 나면 번번히 원인물질을 밝혀내지 못하게 됨에 따라 책임소재를 가리지 못해 사상 최악의 급식 대란을 초래하기도 했었다. 1990년대 후반부터 시작된 학교급식, 도시락 싸 가지고다니던 우리 세대에겐 참으로 생소한 단어다. 급식의 시행으로 늘 도시락 반찬 걱정하는 어머니들의 수고와 고충이 이때부터 덜어졌는가 하면 아이들의 책가방도 많이 가벼워졌다. 일렬로 서서 급식을 배급받는 가운데 아이들의 질서의식도 터득한다.

5대영양소를 고루 갖춘 식사를 공급받는 우리 아이들은 인스턴트 음식에 물들여져 편식하는 아이들의 습관까지 교정되어가고 있을뿐더러 도시락만을 전문으로 하는 업체가 생겨나 호황을 누리고 외식산업이 발달되었다는 요즘이지만 그래도 도시락 먹던 그때가 눈앞에 아른거린다. 지금의 풍요로움 속에서 왠지 어릴 때의 노란 큰 단무지가 그리워지는 것은 아름다운 시절에 얽힌 추억 때문일 것이다. 흩어지는 눈발처럼 싸늘한 기억의 파편들은 도시락 하나 변변찮게 싸지 못했던 어려웠던 어린 시절을 상처처럼 떠올리게 한다.

이른 아침이었다. 아직 고요하기만한 새벽인데도 집집마다 굴뚝에 연기가 모락모락 피어나고 있었다. 새벽부터 아버지는 쇠죽 쑤느라 작은방에 마른 솔잎 불을 피우시고 어머니는 어젯밤 삶아놓은 붉은 팥 한 줌에 차좁쌀 한바가지 가마솥에 넣어 딸아이 생일상 준비에 바쁘셨다. 나는 그날 까만 보리밥이 아닌 아주 특별한 차조밥 도시락을 생각하며 학교 가는 아침이 설레기만 했다.

누런 양은도시락에 그득그득 담긴 납작한 밥과 한쪽에 좁다란 반찬 그릇, 밥 위에 대각선으로 턱 걸쳐놓은 젓가락, 그 도시락을 꺼내 먹을라치면 항상 뚜껑을 반쯤은 열지 않은 상태에서 밥을 줄여갔다. 하지만 그날 점심시간 나는 자랑이라도 하고 싶은 마음에 도시락 뚜껑을 활짝 열고 한쪽에 묵은 김장김치의 도시락 반찬을 꺼내먹고 있을 때 내 짝꿍이었던 희자가 도시락을 넘어다 본 것이다. 그리고는 너무나 아무렇지 않게 했던 말이 잊혀지지가 않는다.

"오늘아침 우리 돼지 밥 줄 때 그 밥 줬었는데……."

모조[6)]밥이나 보리밥에 비해 한결 귀하게 먹었던 차조밥, 그래서 딸아이 생일이라 특별하게 싸 주셨던 엄마의 차조밥도시락이었건만

---

6) 좁쌀에는 끈기가 없는 모조와 찰기가 있는 차조가 있다.

나는 어린 마음에 상처를 받았던 것 같다. 그때는 잘 몰랐었는데, 그 말을 들으면서도 너무나 맛있게 잘 먹었었는데, 수년의 세월이 흐른 지금도 도시락만 생각하면 그때 희자가 했던 말이 떠오르는 것을 보면 말이다.

그러나 지금 생각해보면 아마도 도시락을 싸오지 못할 만큼 나보다 더 어려운 친구가 있었을 것이고 점심시간에 남몰래 교실을 빠져나가 배고픔을 참고 있는 친구가 분명 있었을 것이다. 지금 친구들과 옛날을 회상하며 이야기를 하다보면 그때는 모두가 다 어려웠다고는 하지만 그래도 모두가 똑같이 어려운 것은 아니었다.

부잣집 아이들은 도시락부터 달랐다. 보리쌀과 흰쌀이 반반이 섞인 밥에 멸치볶음이나 계란말이 반찬으로 차이가 있었는가 하면 밥 위에 노란 달걀프라이까지 올려져 도시락의 품위가 한 차원 높은 모양새이었다. 하지만 도시락 가방이 따로 없어서 당황했던 경험이 한두 번은 있었을 것이다.

책과 공책 위에 네모난 도시락을 두고 보자기로 꼭꼭 묶어 아무리 조심스레 들고 간다 해도 반찬국물이 흘러 넘쳐 누런 반찬국물은 책에 근사한 지도까지 그려내고 있지 않았던가. 온 교실이 반찬 냄새로 진동했지만 누구 한 사람 싫다하지 않고 그 냄새 속에 젖어 점심시간만을 기다리던 어린 시절, 소풍가는 날이면 나무도시락에 참깨와 소금을 갈아넣은 고소한 깨소금반찬이 일품이었던 도시락이 있던 시절, 지금의 급식만큼 영양과 맛이 다양하지는 못했지만 엄마의 손맛이 담겨있던 그 도시락을 까먹던 때가 차마 그립다. 그리고 생일날 특별히 지어주셨던 차조밥도시락이 지금도 가끔 먹고 싶다.

반쯤 잘려나간 놋숟가락이 살강에서 내려와
늙은 호박 몸뚱이 박박 긁어주던
그해 겨울은 참 달콤했었다
한 솥 푹 삶아 으깨어 놓고
밀가루 반죽 휘휘 풀어 넣어 푸짐했던 겨울 저녁
새 짚으로 마름 올린 처마 끝자락에
노을빛에 빛나던 고드름 맛이
오도독 오도독 아직 싱싱한데
아궁이 턱에 걸터앉은 핏기 잃은 어머니는
지금도 밥솥 뚜껑 소리를 만들고 계신다
까만 가르마를 탄 슬픈 눈동자 같은 보리쌀 위에서
임금처럼 앉아있는 맵쌀 한 주먹의 모양새에
허리를 굽히고 머리를 숙이고
아직도
그 그리운 소리를 만들고 계신다

# 결혼 행복, 이혼 불행?

어쨌든 결혼하도록 하라.
만일 그대가 훌륭한 아내를 얻으면 그대는 행복해 질 것이다.
만일 나쁜 아내를 얻으면 그대는 철학자로 될 것이다.
그 어느 편이건 그대에게는 좋은 것이다.
- 소크라테스

여성이 죽으나 사나 시댁에 얽매어 살던 눈물의 며느리 시대가 지나가고 있다, 아직 여성이 완전히 독립한 것은 아니지만 과거보다는 상대적으로 독립성이 신장되었다, 지지고 볶더라도 무조건 가정을 지켜야 한다는 사고방식도 과거보다 비교적 완화되었다. 이젠 이혼이 불행한 결혼생활 대신에 선택할 수 있는 옵션의 하나라는 인식이 넓게 퍼지고 있다. 세상의 모든 남녀의 이혼은 한 가지 이유만으로는 설명될 수 없다.

그러나 희로애락, 고진감래, 이러한 것들을 우리의 선조들은 자신을 몰라서 그렇게만 살아 왔을까? 살다보면 다툴 때, 행복한 때도 물론 있겠건만 자제력 부족으로 인하여 선택하는 이혼, 이혼만하면 무지갯빛 세상이 펼쳐질 듯 온전한 자유함으로 자신만의 삶을 알뜰하게 잘 살아갈 듯, 당당하게 이혼을 선택하는 것이 사회적 흐름과 현상이 되고 말았다. 그러나 그 무책임한 판단은 분명 이 사회의 잘못된 진보일 것이다. 결국 성공적인 결말보다는 파행으로 향하는 이 시대의 결혼과 가정문제가 더 많았기 때문이다.

"행복한 가정은 모두가 비슷비슷하지만, 불행한 가정은 다 제각각으로 불행하다."

톨스토이 소설 『안나 카레니나』의 첫 구절이다. 그런데 현실은 그 반대라는 사람도 있다. 불행한 가정이야말로 다 비슷비슷하고 행복한 가정들이 다 제각각이라는 것이다. 결혼하여 함께 노력하긴 했지만 행복의 의미를 부여하는 쪽이 달라 발전적으로 해체하기로 결정한 이혼, 그러나 인간은 결국 개체이고, 개체로서 존재한다는 것은 슬플 수밖에 없다.

불행은 언제나 도처에 있으며 일상을 엄습하지만 다짜고짜 찾아오는 행복은 없는 일이기에 행복은 서로가 끊임없이 노력하고, 애써 찾고, 의미를 부여해야만 얻을 수 있는 것이다. 이런 이야기를 하는 건 아직도 결혼은 천국, 행복, 좋은 것, 이혼은 지옥, 불행, 나쁜 것이라는 이분법이 우리사회에서 유통되고 있기 때문이다. 그 결과 결혼행복, 이혼불행이라는 세계관으로는 이혼으로 발생하는 아동, 청소년, 노인, 빈곤 등 사회 문제 모두를 이혼당사자들에게 떠맡기고 모른 체하기 일쑤가 아니던가? 그런데 중요한 것은 이혼 후 아동들에게 가해지는 차별과 상처는 거의 이른바 정상인들의 일반적 단어들 속에서 나오는 것이다.

이와 같이 이혼 시 아이가 있는 경우는 또 다른 차원의 심각한 문제에 직면한다. 사회안전망이라는 말을 누구나 다 알고 있다. 우리 사회에서 개인이 바닥으로 내몰려 어떠한 도움도 받을 수 없는 처지가 됐을 때, 국가가 어느 정도 일정 부분에 대해 책임을 진다는 것이다. 가난해서, 부모가 이혼을 해서, 불쌍해서 한 푼 던져준다는 의미가 아니라 국가라면 최소한 공적으로 책임져야할 역할을 당연하게 하는 것이다. 하지만 아직도 이혼과 그 후의 사회문제 특히 아동문제는 사회안전망 바깥에 있다.

그것이 가장 심각한 이혼 후폭풍이니 만큼 이혼 후 겪을 수 있는 여러 가지 어려움들을 제시하고 이혼이 정말로 최선의 선택인지 다시 한 번 생각해보자는 의미이다. 어떤 사람을 가족에 종속된 구성원으로 볼 것인가 아니면 독립된 개인으로 볼 것인가 하는 두 가지 관점이 충돌하고 있다 흐름은 독립된 개인의 편이다.

한국의 통속적인 영원한 사랑에 대한 판타지와 가족주의를 생각했을 때 이러한 가치이론에 이혼은 정면으로 위배되는 행위임에도 불구하고 세월이 흐를수록 전통적인 가족주의는 점점 해체되고 있는 실정이다. 이것을 마냥 긍정적으로만 볼 수는 없지만 서양처럼 개인을 독립된 개별주체로 보는 시각도 필요할 뿐더러 한국적인 가족적 공동체주의에 입각한 사고와 서구적 개인주의에 입각한 사고가 공존하면서 두 가치 사이에 균형을 잡는 것이 필요하다.

둘만의 이야기로 만났다가
둘만의 이야기만 없어지고
각자의 이야기만
숨은그림찾기처럼 쌓였건만

주고받는 말 한마디 없이도
곁에 있음과 없음의 차이가
느껴지는 사람

깊은 침묵을 깨고 흐르는
그의 고른 숨소리로
내가 편안해지는

이제는 문득
안쓰럽고 짠한 모습까지
가슴에서 애달픈 눈물이 되는 그는
내 삶에 벅찬 인연이었어

# 우리들의 예행연습

혼자 걸으면 더 빨리 갈 수 있다.
하지만 둘일 경우엔 더 멀리 간다.
- 아프리카 속담

공부보다 돈이 더 절박해서 중학교 2학년까지의 학력을 마치고 양말 공장에 입사를 했었던 그 해, 적은 월급이라도 받은 만큼 적금을 부어야 했기에 가장 큰 명절인 설과 추석에도 차비를 아끼느라 집에 가고 싶어도 갈 수 없었던 시절이 있었다. 각 지방마다 버스가 대절 되어 모두가 고향으로 떠나고 나면 몇몇 남은 사생들끼리 모여 어린나이에 울기도 많이 했었는데 지금도 간혹 새벽녘 잠결에 달리는 자동차소리를 듣노라면 그 시절 고향에 가고 싶고 엄마가 보고 싶었던 마음으로 여전히 돌아가곤 한다.

그런데 올 설에는 서른두 살이나 되는 아들을 홀로 두고 남편과 홍콩여행길에 나서면서 문득 부모 곁을 떠나 명절을 맞던 내 어린 시절이 생각나 홀로 가슴앓이를 하고 있었다. 그때 내 나이보다 배나 더 많아 어른이 다 된 아들인데도 말이다. 물론 직장에서 업무가 바빠 함께 할 수 없었음에도 명절을 혼자 보냈을 것을 생각하니 다녀오는 내내 아들이 짠하고 그 시절 내 자신이 짠해지는 마음이었다. 그러나 아들 때문에 우리 부부의 일정까지 지체할 수 없어 떠나기로 결정한 것이다.

가족여행은 항상 아들이 계획해서 자유하고 편안하게 가이드까지 맡아 다녀오곤 했었는데 남편과 단 둘이 떠나는 해외여행이라 패키지를 선택했다. 규모가 큰 인천공항보다 편안하게 찾아 나설 수 있는 김해공항을 선택해서 우리 부부는 3박5일의 일정으로 홍콩여행길에 올랐다. 오후 9시 출발인데 부산까지의 거리가 만만치 않을뿐더러 가는 길에 이곳저곳 둘러 볼 마음으로 여유 있게 출발을 했다. 패키지여행은 어떻게 출발하고 어떻게 진행되어지는지 궁금하고 긴장되었기에 출발 전까지 충분한 여유를 두고 7시에 김해공항에 도착했다. 우리부부는 생각보다 어렵지 않게 가이드의 안내를 받아 출발할 수 있었다. 밤 9시 50분, 김해공항을 출발한 비행기는 약 3시간여 하늘 길을 달려 우리나라와 1시간의 시차가 있는 마카오에 도착했다. 마카오 공항에서 우리는 5일 동안의 일정을 함께 할 두 가족을 만나 밤사이 도착해 숙소로 바로 이동하여 다음 날 마카오의 아침을 맞았다.

광둥어와 포르투갈어 두 개의 언어가 국어로 사용되는 마카오는 홍콩과 화폐도 다르고 행정자치도 사뭇 다르다고 한다. 마카오에서의 여행일정은 동양 최초의 성당인 '성 바울 성당'이다. 웅장하고 거대한 건물과 분위기를 상상했던 만큼 '성 바울 성당'의 다 타버린 모습을 보면서 조금은 실망스러웠지만 느낌은 많이 달랐다. '성 바울 성당'이 세계문화유산으로 등록된 이유와 우리나라 1대 신부인 김대건 신부가 충청도 솔뫼마을에서 이곳까지 6개월 28일이나 걸려 간신히 왔다는 이야기를 들은 적이 있다.

성지순례지로 한국 사람들뿐만 아니라 세계 여러 나라에서 많이 찾는 이유도 알 것 같았다. 김대건 신부가 이곳에 도착했던 1837년에는 또 다시 불이 나서 '성 바울 성당'에서는 직접 공부를 하지 못했다는 이야기를 떠올리며 조금은 안타까운 마음이 들었다. 앞면 뼈대만 앙상히 남은 건물을 둘러보면서 성당을 배경으로 몇 컷의 사진을 찍고 내려왔다. 물론 각자 패키지를 이용하여 만난 사람들이다보니 단체사진을 찍는 복잡하고 번거로운 일은 없었다.

관광객들로 인산인해인 계단 아래로 내려오자 마카오에서 가장 유명하다는 '에그 타르트' 집 앞에는 사람들이 즐비했다. 이곳 마카오에 오면 에그 타르트가 유명하다는 소문을 딸아이로부터 이미 들은 바 있기에 먹어보기로 했다. 역시 유명한 만큼 맛은 있으나 그 깊은 맛은 계란 맛과 단맛이 주된 맛이라 할 수 있었다. 육포의 맛도 빼 놓을 수 없다며 상점 안으로 안내하는 사람들을 따라 들어가 작은 조각하나를 입에 대니 역시 나는 꾼이다. 맥주랑 함께 해야만 육포의 참 맛을 느낄 수 있을 것 같았다.

수많은 인파를 빠져나와 세나도 광장으로 내려오니 마카오 속의 작은 유럽이랄까, 멋지고 고풍스러운 유럽풍의 건물들이 즐비하게 눈에 띄었다. 여기저기, 포르투갈 흔적들이 아직 남아있었다. 우리는 건물들과 '성 바울 성당'을 뒤로하고 베네시안 호텔로 향했다. 십여 분 후, 거대한 네온사인이 반짝이는 세 개의 건물은 마치 커다란 궁궐 모양으로 눈길을 끈다.

바로 그 유명한 베네시안 호텔이다. 이곳은 아시아에서 가장 큰 호텔로 삼만 평의 넓이와 3,300개의 스위트룸으로 구성되어있다고 한다. 1층 안으로 들어서자 말로만 듣던 세계 최고의 카지노에는 한판 대결로 승부를 건 수 많은 사람들이 자리를 차지하고 있었다. 호기심에 잠깐 기웃거리다가 우리는 2층으로 올라갔다.

그리고 깜짝 놀라 남편에게 물었다. "우리 밖에 나온 적 없잖아요?" 그렇다 낮인지 밤인지 처음 가는 사람은 분간이 어려울 정도로 2층 쇼핑센터는 독특한 별천지였다. 인공 하늘이 마치 호텔 밖에 나온 것 같은 착각을 하게 된 것이다. 사람들을 태우고 '산타루치아'를 부르며 노를 저어주는 조각배 위 여인의 노랫소리를 듣고 있노라니 진한 감동과 함께 어쩌면 이런 특별한 아이디어를 창출해서 세계인을 불러들여 지갑을 열게 하는지 놀랄만했다.

마카오의 현지식으로 저녁식사를 끝낸 후 우리는 마카오의 저문 해를 페리에 싫고 심천으로 향했다. 바다를 육지로 만든 도시 심천, 심천의 역사는 겨우 45년 이내이며 시청을 중심으로 독수리가 나는 모양이란다. 첫 날 오전을 연화산 산책으로 시작하여 동양 각 나라의 민속집으로 이루어진 소인국에 들러 그야말로 도시 관광 국가의 진가를 발견할 수 있었다. 보편적으로 산수 관광은 장가계, 역사관광은 북경이며 도시 관광은 심천이라는 말처럼 실감나는 그들의 노력을 엿볼 수 있었다.

드디어 마지막 하루 일정을 남겨두고 그토록 으리으리하고 번쩍번쩍하다는 홍콩을 향해 떠날 시간이었다. 마카오에서 배를 타고 심천까지 와서 홍콩까지는 기차를 이용하게 되어있다. 그러나 지금 홍콩에서 마카오까지 가는 다리를 놓는 중이라 공사현장을 관광처럼 즐기며 확인할 수 있었다. 두 개의 해저 터널을 통해 홍콩과 마카오까지 75Km의 다리가 놓인다니, 머지않아 배를 타지 않고도 두 나라를 금방 오갈 수 있게 된단다.

우리는 밤늦은 시간이 돼서야 홍콩에 도착했다. 천 가지 매력의 나라 홍콩은 영국의 식민지를 155년이나 받았다. 중국과 홍콩의 언어가 다르고 특히 홍콩의 돈은 은행마다 그림이 다르다고 한다. 이튿날 아침, 우리는 홍콩투어의 첫날에 미드레벨 에스컬레이터와 소호의 평범한 듯하면서도 고층빌딩과 서민의 낮은 일상이 뒤섞인 풍경을 뒤로하고 중국의 사원인 만모사원 안으로 들어섰다. 향을 피워놓고 제를 지내는 사람들의 모습이 많이 눈에 띄었다. 금방이라도 살아 튀어나올 것만 같은 돼지 머리와 생전 처음 본 과일들을 차려놓고 두 손을 비비며 정성껏 제를 올리는 사람들의 모습이 이색적이었다. 과연 그들은 어떤 마음으로 진한 향냄새를 마다치 않고 몇 시간씩 저리도 간절하게 염원하는 것일까? 그렇게 가이드의 안내로 사원에서 나온 우리 일행은 보석전시장, 라텍스 판매장을 들러 나왔다.

어느덧 밤이다. 홍콩 섬 전경이 한 눈에 보이는 스타의 거리 관광을 위해 2층 버스를 탔다. 이 나라에 와 이 나라 사람들의 일상에 빠짐없이 젖어보기 위함이다. 그런데 마침 이 나라에도 설이라는 대명절을 맞이하기 위해 각종 행사와 퍼레이드가 이 스타의 거리에서 진행되고 있다. 그 덕에 가만히 서 있기만 해도 밀려갈 수밖에 없는 인파속을 한 시간여 들어가 쇼핑 좋아하는 나의 거리, 야시장에 들어갔다. 하지만 사람 사는 곳 별반 다를 바 없듯이 한국에 없는 특별한 것은 없었다. 우리는 그나마 우리나라의 홍콩여행객들이 주로 찾는다는 치약과 포크 몇 벌을 챙겨 나왔다.

그리고 자유시간이 살짝 길어지는 틈에 우리나라 음식점에 들러 떡볶이와 핫도그 하나를 맛볼 수 있었다. 그렇게 홍콩의 밤은 수많은 네온사인으로 화려했으며 야경은 더 할 수 없이 아름다웠다. 마지막 일정이었고 이제는 지하철을 이용하여 우리나라를 향할 공항으로 출발이었다. 아직 한국으로 돌아갈 비행기를 타기까지는 충분한 시간이 남아있었지만, 일행은 서둘러 공항으로 향했다. 지하철

안 사람들의 모습은 한국이나 홍콩이나 별반 다르지 않았다. 저마다 휴대전화기를 들여다보며 무엇인가에 열중하는 모습, 이렇게 세계화 시대에도 개인적인 풍경은 어느 나라나 여전함을 확인하며 혼자 피식 웃음을 지어보았다.

무엇보다 이번 여행은 더 늙기 전에 아이들 도움 없이도 우리 부부만이 떠날 수 있는 예행연습이었음에 의미를 둔다. 무사히 포근한 둥지 찾아 돌아와 좀 더 활기차고 신선하게 봄을 맞이하는 활력이 될 것임에 감사한다.

몸은 심상찮은데
마음은 열두 살쯤의 기억에서
그지없이 싱그럽다
열두 살의 시간을 끄집어낸 것이다

사라져버린 것들
떠나버린 것들이
스멀스멀 기억으로 찾아드는 순간
시간은 다시 되돌아 와 안부를 묻는다

시간은 그냥 무심히 지나가는 것이 아니라
오래된 영혼일수록
돌아오는 시간이 많아지는 것

돌아온 시간
다시 이 찰나가 신선하다

# 부부 여행, 인생 여행

부부라는 사회에서는 일에 따라 각자가 상대를 돕고 혹은 상대를 지배한다. 따라서 부부는 대등하면서도 다르다. 그들은 다르므로 대등한 것이다.
- 알랭

설 연휴 여행지 예약을 끝냈다. 해마다 설이면 가족 동반여행을 다녀왔는데 올해는 아들이 직장일이 바빠서 우리 부부 둘이서 놀게 되었다. 설 연휴가 5일이나 되는데 특별히 알콩달콩한 사이도 아니고, 좋고 나쁨보다는 날마다 마주보고 있을 수도 없는 일이었다. 어디를 가든지 그림처럼 손 꼭 잡고 쉼 없는 이야기를 나누면서 여행을 즐기고 돌아올 때까지 분위기 유지에도 자신이 없다. 그래서 차라리 패키지여행을 선택하여 예약을 끝냈다.

물론 남편은 항상 그랬듯이 해외여행은 반대하는 편이며 둘이서 싸목싸목 국내 여행지를 돌아보자는 의견이다. 그러함에도 불구하고 내 생각대로 내가 독단적으로 결정하고 예약까지 마무리 하는 데에는 이유가 있다. 이제 직장에서 퇴직하고 수입이 없는 남편에게 맡겨놓으면 아무래도 준비부터 경비 일체를 책임져야 하니 추진이 되지 않거나 늦어지기 때문이다. 어떻게든 내가 나서야 한 발작이나마 나설 수 있음이다.

여행은 망설이다가 놓치면 끝까지 놓치고 마는 것이라지 않던가? 이렇게라도 여행은 나설 수 있을 때를 놓치면 죽는 날까지 가족이 함께 뭉쳐 훌쩍 떠나지 못할 것 같은 생각에서이다. 지난해에는 일본을 다녀왔다. 그때도 역시 아이가 떼를 쓰듯이 거부하는 남편을 모시고 경비일체를 내가 부담하여 다녀왔다. 그리고 여행후기에 남편이 그랬다. 본인이 경비부담을 할 여유가 없으니 나설 수 없었다는 것이다.

사실 남편 입장을 충분히 이해해주어야 함은 물론 당연한 일 아니던가? 그러함에도 불구하고 돈을 들먹거려 말하자면 물론 내 마음도 한구석쯤은 섭섭하기 그지없었다. 남편이 벌어온 돈이나 자식들이 보태준 돈으로 여행해야 할 나이에 올해도 역시 모든 경비일체를 내가 준비하여 계획하다보니 어딘지 뭔가 이프로 정도 채워지지 않는 구석이 있다. 그러나 인간이 운명대로 살아가지만 운명을 고쳐서 살 수 있는 형편을 주신 하나님께 감사했다. 나란히 갈 수 있는 남편이 있어 다행이고 행복이었다.

당연히 생각이 다르고 그래서 머리 맞대고 의견을 나누어야 함에도 불구하고 이렇듯 매사를 33년 동안 나는 남편을 향해 일방통행이었다. 생각해보면 참으로 잘 참고 잘 견뎌준 고마운 사람이기도 하다. 부부는 아무리 긴 세월을 살아도 수면 습관부터 다르다. 온도에 대한 민감도가 다를뿐더러 싸움의 강도가 클수록 스스로 생각의 깊이는 특별하게 다른 것 같다. 같아서 사는 것이 아니라 다르기에 함께 살 수 있는 것 같다. 그래서 평범하게 사는 것보다 싸우고 화해하는 가운데 관계는 평범 이상으로 좋아지는 것이다.

칠천 겁을 스쳐야 만난다는 부부가 33년을 살았으니 다르거나 같거나 무슨 큰 의미가 있겠는가만 그러나 자식도 성인이 되면 독립을 하는데 한 지붕 아래 한 방에 기나긴 세월을 함께 살아가는 부부란 신화 같은 이야기다. 함께 산다하여 서로가 서로에게 영순위를 벗어나는 것이 아니기에 늘어진 팬티, 또는 아내의 속옷만 입은 모습과 상대를 향해 말하는 것 듣는 것도 힐링이 될 수 있는 자세가 서로의 노력으로 하여금 필요하다.

전설적 국민배우 신성일의 본처 엄앵란이 남편이 사랑했던 여자의 천도제를 치러준 사연에도 까닭이 있다. 그것은 진정 사랑하는 사람은 영혼까지도 찾아온다는 것이다. 그렇다. 사랑으로 만났기에 죽어도 찾아갈 영혼이 있기에 내게 주어진 현실에 두 발 딛고 살아가리라. 일상 밖으로 튕겨 나가고 싶음은 아직 욕망이 열정적이라는 뜻이라 여기며 계획하고 결정한 이번 설에도 여유롭고 성숙한 여행이 되리라.

그 사람이 내게
잘해준 것은 기억에도 없는데
감사합니다

끝장내고 헤어지리라
도장 찍고 이혼하리라
속으로 몇 번을 반복했는데
곁에 있어 주니
고맙습니다

시키지도 않은
반찬을 준비하면서
몇 날 몇 밤 들어오지 않으면

편할 것 같았는데
해저물면
멜 없이 앉아있기만 해도
든든합니다

때로는 미운 마음이
내 마음에 가득할 때
후회하지 않으리라 하며 미워했던
그 순간을 후회합니다

# 쓸쓸함과 아름다움의 도시 여수에서

익숙한 삶에서 벗어나 현지인들과 만나는 여행은
생각의 근육을 단련하는 비법이다.
- 이노우에 히로유키

방학에 들어가면서 15명의 교직원들이 여수시 일원, 그리고 금오도까지 1박2일의 일정을 잡아 떠나기로 했다. 개인적으로 여수는 다녀올 때마다 왠지 쓸쓸하다는 생각을 했었다. 여수에 계시는 어머니 같은 여류시인과 편지를 나누는 내 작은 이야기에서나 가끔 일상의 연결로 다녀오게 되는 그곳 여수는 늘 쓸쓸하고 마음 짠해 오는 도시였다. 그런데 이번에는 직원들과 함께 여행의 설레임으로 다녀오면서 '뭔가 뚝 떨어져 빛나고 있는 별이랄까?'하는 특별한 아름다움을 경험하게 되었다.

우리 일행은 나주에서 차분한 오후에 출발하여 여수에 도착하니 해질녘, 유명하다는 횟집을 선정하여 첫 저녁밥상을 받았다. 물론 세계를 겨냥하는 관광지인 만큼 깔끔하고 음식의 맛과 양이 만족스럽다. 전라도 인심이라는 과거의 이미지와 달리 남김없이 비우고 행복감으로 일어설 수 있을 만큼의 서비스가 좋았다. 우리는 하룻밤을 묵기 위하여 HS호텔에 여장을 풀기로 했다.

숙박시설이 기대 이상으로 깨끗하고 아침 식사를 부담 없이 접할 수 있어 전라도음식의 맛과 정성을 그대로 느낄 수 있겠다는 생각이 들었다. 일행은 일찍 서둘러 신기항으로 향했다 신기항 부두에서 일부 자동차들은 금오도까지 들어가는가 하면 우리는 그곳 택시를 이용한다는 계획으로 30분 정도 뱃길을 가르고 떠났고 도착하여 역시 부부가 운행하는 두 대의 택시를 우리 직원의 인원과 맞추어 탑승을 하여 금오도 둘레 3코스를 목표로 출발했다.

그 시각 지척인 나주에는 눈보라가 친다는 소식이었으나 봄날처럼 따뜻한 날씨에 감사하며 둘레길 산행을 시작했다. 3코스는 해안 절벽과 비경을 함께 관광할 수 있었는가 하면 적당히 오르고 내리고 하는 등반길이 부담 없이 좋았다. 특별히 내 눈에 걸린 동백 숲이 어우러진 3코스에는 아직 꽃이 귀해 가끔 한 송이씩 핀 동백꽃이거나 떨어져 누운 꽃송이가 가슴에 머무는 것을 그냥 지나칠 수 없어 휴대폰에 부지런히 메모하면서 걷기도 했다.

금오도 동백

머금을 수도
뱉을 수도 없는
여수 앞바다를
난황 같은 가슴으로
품은 한이런가

꽃이 귀한 금오도에 꽃으로 피어
평생을 바라보기 하다가
붉게 져버린
금오도 동백

너 때문에 흘린 땀이
너 때문에 내 가슴에
피멍 되어 맺혔다

김용택 시인이 선운사 동백을 노래하고 선운사 뒤 안에 가서 엉엉 울었다면, 나는 금오도 동백을 노래하고 짠한 가슴에 피멍 들어 울었다. 오밀조밀한 3코스 중간 중간에 탁 트인 전망대를 바라보며 쉼 호흡을 나누는 것 또한 맛깔스런 등반의 묘미였으며 끝자락에 자리한 어묵국물 한 사발이 무엇과도 비교할 수 없는 힐링의 맛이었다.

이렇게 우리는 금오도를 뒤로하고 맛 집으로 유명한 장어탕을 맛보기 위해 찾았고 떠나기 전 점심시간에 우리 직원 모두는 업무 협의에 버금가는 여수를 칭찬하고 각자 다시 오겠다는 나머지의 약속을 남기고 돌아왔다. 나 또한 딸아이가 결혼을 한지 1주년이 되는 2월 2일이 설 연휴와 겹쳐 사위와 딸을 이곳으로 안내하여 다시 한 번 새 가족의 설계를 위하여 후원하리라 계획해본다.

# 어머니가 눈물이었다면 자식은 아픔이다

아버지의 걱정 없는 마음은 자식의 효도 때문이고,
남편의 번뇌 없는 마음은 아내가 어질기 때문이며
말이 많아서 실수하는 것은 다 술 때문이며
의가 끊어지고 친했던 사이가 멀어지는 까닭은 오직 돈 때문이다.
-『명심보감』 중에서

우리는 누구나 부모가 되는 것에 본능적으로 알고 있기에 따로 준비가 필요 없다고 생각하는 경향이 있다. 그러나 태어나면서부터 본인이 선택할 여지도 없이 부모와 자식관계가 되어 그 자녀에게 가장 많은 영향을 미치면서 우리는 부모가 되는 연습은커녕 운전면허 같은 부모 자격증도 없이 천하보다 귀한 자녀를 키우게 된다.

오죽하면 엄마 자격증을 주장하는 사람도 있고, 아버지도 부모인가 하고 묻는 사람도 있다 한다. 게다가 가정의 기능이 약화 되어 부모는 의무만 있고 봉양은 받지 못하는 사람이 되기도 한다. 그런가하면 세상에서 부모를 잘 만나는 것이 가장 큰 복이라고 말하기도 한다. 그것은 지위나 재산의 문제가 아니라 인간적인 따뜻함과 삶의 모범이 되는 점에서 그렇다. 그러니 좋은 부모를 만난 사람은 정말 행복한, 그야말로 최고의 로또는 자궁 로또라고까지 할 정도이니 말이다.

그것은 대부분 자기가 부모님한테 무의식적으로 배운 대로 자녀들에게 양육방식을 대물림하게 된다고 한다. 그래서 부모의 나쁜 점을 혐오하면서 어느새 자기도 그런 모습을 따라하게 되는 것이다. 그런데 만남에 대하여 내가 선택할 수 있는 사람이 있는가 하면 운명적으로 만나야 하는 사람이 있다. 그것이 바로 내가 선택할 수 없는 부모가 그렇다. 나는 늘 사람을 잘 만나는 것이 큰 복이라 생각한다. 그것은 자신과의 관계 문제도 되지만 우리가 살아가는데 소홀히 여길 수 없는 평판의 요소가 되기 때문이다.

얼마 전 결혼도 아직 하지 않은 아들 녀석이 그동안 내가 준 용돈을 따로 모아 우리 부부 해외여행을 보내준단다. 참으로 생각지도 않았던 일이기도 했지만 그 녀석의 마음을 받아들이기에는 차라리 아픔으로 다가왔다. 흔히 자식은 부모에게로부터 빚을 받으러 태어난 자식과 빚을 갚으러 태어난 자식이 있다 한다.

말하자면 자식을 키우다보면 이러저러한 자식이 있기 마련이라는 의미겠지만 역시 부모 된 마음은 건강하게 자라 잘 살아주면 그뿐, 봉양까지 바라겠는가만 너무 반듯하여 나무랄 것 없이 부모에게 지극한 것 또한 때로는 아픔일 때가 있다. 나는 사우나를 중독처럼 좋아한다. 그런데 사우나를 가면 가끔 보는 모녀의 아름다운 풍경이 있다. 아마도 딸자식이 출가를 하여 그의 반쪽과 어떤 식으로든 이별을 하고 친정 홀어머니를 모시고 목욕을 온 듯하다. 어머니를 먼저 씻겨 고슬고슬한 자리에 쉬게 하고 자신의 몸뚱이를 정리한 다음 다시 어머니의 옷매무세를 가다듬어 나란히 나서는 정갈한 그 모습을 매번 보게 된다. 아마도 그 어머니가 그 딸을 키울 때 그러하셨을 것이다.

그런데 오늘 문득 그 평화로운 모습 안에서 내가 어느새 어머니가 되어 생각해보니, 먼 훗날 나 홀로 힘들고 외롭더라도 딸자식이 홀로되어 기꺼이 내 옆에 있다면 효도 받는 흐뭇함보다는 참으로 큰 아픔일 거란 생각이 들었다. 그것은 어느 시절엔가 떠나신 내 어머니를 생각하면 늘 눈물이건만 자식이 장성하여 내 품을 떠날 때가 되면 떠나되 자신의 자리에서 충분히 행복하여 다시 내 품으로 돌아오지 않기를 바라는 마음이다.

부모가 된다는 것, 그것은 부모가 아니면 겪지 못할 일들. 느끼지 못할 감정. 이를테면 감사하는 마음까지도 아이로 인해 내가 사람이 되어간다는 사실이다. 그리하여 정녕 내 부모를 생각했을 때 비로소 눈물이 되는 것이며 내 자식을 생각했을 때 아픔이 되는 것이리라. 생각해보면 나는 남매를 키워내면서 부모가 무엇인지도 모르고 부모가 된 것 같다. 아이가 자랄수록 재산뿐만이 아니라 살아가는 데 필요한 기본적인 신뢰와 현실과 사람 보는 눈을 길러주어야 하는 것을 아이들이 커감에 따라 내가 세상 보는 눈이 달라진 것이다. 준비도 없이 낳아 길러낸 자식이 내 자신보다 더 기특하고 깊은 생각을 하고 살아가는 것을 보면 하염없이 미안해지거나 아픈 지금의 나는 어머니가 눈물이었다면 자식은 기어이 아픔이었던 사실을 깨달은 것이다.

잘못된 자식만이 아픈 것이 아니라 자신보다는 부모 된 나를 품어주는 기특한 마음까지도 자식이니까 아프다는 것이다. 특별히 결코 선택의 여지가 없이 부모 자식 간의 인연이 된 내 아들딸에게 나는 먼 훗날 그들에게 눈물이지 않기를, 나보다는 더 좋은 부모 되기를 바라본다.

침대 위의 훈훈함으로 정이 들어
죽도록 손잡고
나란히 가야 할 사람이기에
늙어갈수록 부부밖에 없다지만

내 몸을 트고
내 숨결을 나누어
세상 밖으로 나온 자식으로 하여금
그 그림자만 떠올라도
간절히 기도하는 법을 터득했기에

죽는 날까지
내 육신의 버팀목이 남편이라면
다시 태어나도
내 영혼의 든든한 빽은 자식이려니

오늘
하늘빛이 다르다는
낯선 곳으로의 여행을 위해
아들의 손을 잡습니다

# 나는 울어도 예쁘고 웃어도 예뻐요!

아름다운 얼굴은 일곱 가지 결점을 감추어준다.
- 영국 속담

"나는 울어도 예쁘고 웃어도 예뻐요!" 내 어릴 적 막내이모가 훈련시켜 누구를 만나도 내가 하는 인사말이었다. 나는 정말 웃어도 울어도 예쁜 줄 알았다. 초등학교 입학 후 이모의 진심을 알았다. 피부는 남달리 검고 유난히 못생겨서 웃어도 울어도 봐 줄 수가 없었기에 녹두알처럼 또록또록 말 잘하는 내게 그런 인사말이라도 염치없이 잘하게 해서 나를 예뻐 해주고 싶었던 모양이다. 그렇게 예쁘다는 부러움 한 번 받아보지 못했고 오히려 남편 만나 시댁에 첫 인사를 다녀온 후 신붓감이 특별히 못생겼다는 후담까지 들려 올 정도였다.

그런데 여자나이 50이 훌쩍 넘은 요즘 "참 예쁘네!"라는 말을 종종 듣는다. 예쁜 여자들이 정말 많은 요즘 세상에 말이다. 아무리 100세 시대라지만 아직도 나를 꽃의 대열에 끼워주는 마음들에 감사해진다. 아니 어쩌면 아직도 내가 꽃인양 우기고 있는지도 모를 세월에 서글퍼지는 것도 사실이다.

여자들 몇이 모이면 코를 올리고 주름을 없애고 또는 쌍꺼풀을 두 번 세 번 어디서 얼마에 했다는 이야기가 일상이 된지 오래라서 웃어도 울어도 못 봐줄 만큼 예쁘지 않은 사람이 없다. 그렇다고 세상에는 갑자기 잘생긴 사람들이 많아진 것은 아니다. 내가 편한 대로 혹은 나다움으로 세상에 나오는 것보다 그냥 안전하게 혹은 모나지 않기를 중히 여기는 것이다, 우리의 옷이 같아지고 우리의 분위기가 비슷해질수록 우리의 얼굴은 더 중요해진다. 그렇다면 서로의 다름을 구분해야 하는 것 아니겠는가?

얼굴에도 대세란 것이 존재한다. 우린 처음부터 다르게 태어났고 그렇게 다르게 살아가는 것이 자연스러운 것이다 타고난 얼굴대로 자신 있게 살아가기만 하면 어려울 것 하나도 없는 세상임에도 어쩌면 우리는 다름을 너무나 두려워하고 있는지도 모르겠다. 압구정 쌍둥이들처럼 과도한 수술로 얻어진 천편일률적인 아름다움에서 벗어나지 못하는 것 같아 서글프다. 이는 자신만의 매력적인 얼굴, 호감 가는 얼굴을 찾는 것이 무엇보다 중요하리라. 그 결과 전통적인 성형의학은 다른 의학과 달라서 진단의 기준이 불분명하다고 한다.

누구에겐 아름다운 얼굴이 자신은 만족하기 어려운 얼굴일 수도 있다는 것이다. '아름다운 얼굴이란 과연 무엇일까?'라는 의문이 생기는 것은 어찌 보면 당연한 일인지도 모르겠다. 누구나 그러할 것이고 이는 정신적으로 성숙하지 않은 성인에게도 마찬가지다. 자신의 얼굴에서 무언가를 바꿔야만 성이 차는 사람들, 남의 얼굴만 바라보고 사는 사람들에게 가장 중요한 것은 있는 그대로를 받아들이는 것이다. 그래서 존재 자체로 아름답고 사랑받을 자격이 있다는 것을 알려주는 것이 당연하고 중요한 것이리라.

유난히 못생겨서 어쩔 수 없이 내 입으로 내가 했던 "나는 울어도 예쁘고 웃어도 예뻐요!"라는 인사말에 깨달음의 반세기를 더해 달려와 보니 감사와 서글픔으로 성숙한 지금 이제는 예쁘다는 인사말 정도는 정으로 들어도 되지 않겠나? 싶다.

어른들은
내 어릴 적 얼굴을 들여다보며
못 생겼다는 말이 차마 민망할 때
"참 권 있다"라고 했더랍니다

그 얼굴로
결혼을 하니
남편이 내 얼굴이 되고
어머니가 되니
자식이 내 얼굴이 되더이다

내 속에서 울림이 되어 나오는
내 목소리에서
문득
어머니가 느껴지는 오늘
석류 빛 어머니의 얼굴 떠올리며
흩어진 내 얼굴 다잡아봅니다

# 라온이 엄마 쥬리 씨

천하의 모든 물건 중에는 내 몸보다 더 소중한 것이 없다.
그런데 이 몸은 부모가 주신 것이다.
- 율곡 이이

2014년 7월 24일(음력 6월 28일) 오전 10시 07분, 이 세상에 뜨겁고 밝은 불덩이 하나 솟구쳤다. 이 나라의 역사에 빛나는 이름 하나 모종했다. 어디쯤 비켜서랄 것도 없이 말이 없고 조용한 이 대표(사위)로부터 뜻밖의 시간에 전화가 걸려왔다. 라온이가 태어난 것이다.

그저 순산했다는 것만 확인했으니 그뿐, 날마다 기다리고 예상하고 있었던 일이였기에 더 이상의 궁금함 보다 눈물부터 흐르는 것을 어쩌랴. 하염없이 가슴만 뛰는 것을 어쩌랴. 하나님은 모든 곳에 있을 수 없기 때문에 어머니를 만들었다.'고 한다. 어머니와 자녀와의 관계를 이보다 더 절실하게 표현할 수 있을까. 어린자녀에게 어머니는 정말 하나님 같은 존재가 아니던가.

오늘 태어난 라온이에게 하나님 같은 존재가 된 내 딸이 참으로 대견스럽다. 자신의 몸속에서 열 달 동안 한순간도 떨어짐 없이 함께 했던 무탈이가 라온이라는 똑똑하고 평화로운 이름으로 태명처럼 무탈하게 세상의 중심에 떡! 하니 자리를 잡은 것이다. 그 신비와 경이로 가득한 생명의 위대한 현장에 친정엄마인 나는 달려가지 못했다. 내 딸이 어머니가 되는 순간의 고통을 함께 손잡아주고 격려해주어야 할 마땅한 일에 내 일이 있다는 핑계로 멀다는 핑계로 멀리서 가슴 벅찬 눈물만 흘려야만 했다.

그러나 태어나는 오늘보다 아이가 자라 꽃을 피우기까지 또는 어머니의 품에서 벗어나는 순간까지 함께 성숙해야 할 앞으로의 먼 미래는 이보다 더 가슴 벅찬 일들이 많을 것이다. 순리대로 자라주니 데면데면한 감정보다 아이에게 감사할 일이 많아지고 아이 때문에 행복해지는 순간들이 일상이 되어 자식을 기쁨뿐만이 아니라 때로는 너무 잘 자라주어 아픔이 되고야 마는 그런 부모의 입장으로 내 딸은 또 나처럼 늙어갈 것이다.

어머니는 아이에게 원초적인 애정을 느낀다. 그것은 여자가 아니면 아이와 열 달을 내내 함께 할 수 없을 것이며, 마침내 낳고, 엄마가 된 그 느낌을 결코 맛볼 수 없기 때문이리라. 인디언 속담에 아이 하나를 키우는 데에는 마을 하나가 필요하다고 했다. 그러나 이러니저러니 해도 역시 자녀를 키우는 데에는 어머니의 역할이 가장 중요하다는 것은 두말할 필요가 없을 것이다. 강한 어머니가 강한 자녀를 키워내고, 행복한 어머니가 행복한 자녀를 키워낼 것이며 지혜로운 어머니가 지혜로운 자녀를 키워낼 것이다.

나 역시 엄마가 돼보니 내 아이가 자라 철이 든 만큼 내가 함께 자라고 철이 든다. 강하고 행복하고 지혜로운 어머니가 되고 싶다면, 훌륭한 어머니상을 통해서 내 아이를 상대로 하여금 학습할 수 있는 것이다. 그리하여 그 학습이 세상의 그 어떤 공부보다 가치 있는 학습이 되는 것이다. 아이에 충실하면 자신이 성장할 수 있는 시간은 더 줄어든다는 단순한 이야기에 나는 확실하게 반박한다.

여자는 가정을 가지고 어머니가 됨으로써 인간적으로도 이전과는 비교할 수 없을 정도로 성숙해질 것이며 원만한 성격으로 둥글어져 삶의 가치 또는 여자보다는 어머니로서 살아볼만한 가치가 있음을 절실히 깨닫는다.

나를 철들게 하고 내 모서리를 다듬을 수 있도록 애쓰지 않고도 참 스승이 되어준 내 딸 쥬리가 라온이 엄마로 입성한 오늘 라온이로 하여금 자신을 꾸밈없고 과장 없는 여자, 더 훌륭하게 가꾸는 어머니로 성숙해 가기를 기도한다.

자식이라 낳아놓고
부모 역할 다하지도 못했건만

단 한 번 속 썩인 적 없고
내 깊은 속까지 헤아려
세상을 바라보는 시선까지
필요 이상 착해서
바른 것이 무엇인지를
자식으로부터 배울 때가 있습니다

자식이라 낳아 놓고
그 자식을 위해서는

온 정성 다해 키우도록 해놓고
미워도 미운 마음 없도록 해놓고
심뻐를 갈아도 아깝지 않게 해놓은

참으로 은밀하고도 세련된
하늘의 뜻이 담긴 부모의 본능으로

혼탁한 세상
너무 맑게 사는 것조차
너무 무르익음마저
아픔일 때가 있더이다

# 엔딩노트 · 1

그렇게 긴 시간 동안에 우리는 단 한 번 죽는다.
- 몰리에르

인간이 살면서 어떤 그림을 어떻게 그려가고 있는가? 인간이 그리는 무늬에 대한 연구, 그것이 곧 인문학이 아닐까? 태어나면서 축복과 박수를 받는 것처럼 우리는 죽음 앞에서도 역시 존경과 감사, 그리고 살아온 날에 박수를 받으며 죽을 권리가 있다. 어쩌면 죽음 앞에서는 살아온 삶이 한층 더 명확하게 보일 수도 있다. 잘못 살고 잘 죽을 수는 없듯이, 잘 살아야 잘 죽는 것이기에 마지막 목적지에 잘 도착했다는 겸허한 자세로 죽음을 맞이하기까지 늘 대비하고 준비해야 하는 것이다.

나이를 먹으면서 의도적으로 고민과 걱정을 줄인다. 단순하고 편안한 일상을 만들어가고 싶은 것이다. 그러함에도 불구하고 때로는 머리숱은 점점 빠져나가 적어지고, 노안이 오며, 기억력과 암기력도 예전만 못하다는 걸 알게 된다. 구체적으로 피곤하다는 느낌이 어떤 것인지 몰랐던 때가 아득한 옛날이 되어버렸다. 때로는 내 몸속의 에너지가 고갈된 상태를 감지할 수 있을 만큼 기력을 잃을 때가 있다. 백세 시대라 하여 늙지 않고 멈추어 있는 것은 아니지 않던가? 한 살 한 살 나이를 보태 50이 넘어서면서 노화의 속도는 더 빨라지는 것 같다.

나는 나이를 더 먹게 되고 훗날 죽음의 문턱을 넘어서게 된다면, 그 문턱 앞에서 연명치료는 하지 말 것을 내 아이들에게 당부한다. 나이 먹고 늙는다는 것이 우울하고 슬퍼할 일이 아니라는 것을 깨닫는 삶을 살고 싶다. 아름답고 곱게 나이를 먹어 가는 게 어떤 것인지를 늘 터득하여, 버리고 비우면서 그런 삶 속으로 걸어가고 싶다. 그렇게 살다가 죽음을 맞이하는 것은 자연스럽고 당연한 이치인 것을 함께 하는 가족이거나 몸 바쳐 사랑해도 모자랄 내 자녀들에게 짐이 되거나 내 인생의 끄트머리가 내 자녀들의 긴 한숨으로 뿜어 나오지 않기를 바란다.

나와 함께 근무했던 동료 한 분이 일상 속에서 복잡한 일이 생기거나 관계 속에서 어려운 일이 생기면 늘 하는 말이 있었다. "인생, 머 있습니까? 한 잔 하게요." 가끔 이렇게 너스레를 떨면서 술잔을 마주했던 그 친구 생각을 하면 역시 인생 머 있겠냐는 그 한마디의 위력이 대단한 것 같다. 술자리에서도 마찬가지다. 어떤 이유든 술을 잘 마시지 않고 사양하다가도 "인생 머 있겠어?"라는 말은 순식간에 툴툴 털고 섞여 어울리게 한다. 2008년에 출간된 이인화의 『영원한 제국』에서 인생을 한 줄로 명쾌하게 설명한 글이 있다. "인생이란 목구멍에서 시작하여 똥구멍에서 끝나는 것이다. 거기에 음식물이 좀 차면 그때야 머리가 움직여 충역이니 뭐니 장식을 달아주는 게 인생이다."라고 했다. 참으로 무릎을 치며 공감할 표현이다. 이렇게 나이를 먹어 가지만 지적인 성장은 멈추지 말기를, 좀 게을러져도 좋겠으나 사랑하는 마음과 호기심 많은 신선한 일상들이 녹슬지 않기를 바라고 있다. 흔들리는 게 인생살이다. 갈팡질팡 살다 보면 세월도 훌쩍 지나가 버린다. 잘 살려면 신앙처럼 항상 자기를 지켜주는 좌우명이 있어야 한다. 그리고 죽음을 흔쾌히 준비하면서 두려움 없는 삶을 살아야 한다. 우리는 무엇이든 사소하면서 그 사소한 것조차 실천하기 어려울 때 쉽지 않은 일이라 치부해버린다.

그리고는 더 복잡하고 어려운 일에 목숨 걸고 추구하며 다투고 살지만 생각해보라 자기 자신 하나쯤 정리해가면서 사는 일이 뭐 그리 어렵고 복잡한 일인가. 어떤 삶이 잘 사는 것이라는 정답은 없을 것이다. 하지만 자신에게 맞춤형의 인생살이를 자신이 그려놓고 완성된 그림이 올바를 수 있도록 노력은 해야 하지 않겠던가? 그래서 삶에 대한 경력을 쌓은 만큼 어느 고지에서는 곱게 내려앉을 준비를 함으로써 한층 여유로워지며 평화로운 늘그막의 그림이 곧 자신의 인문학이 되지 않을까 싶다.

나보다 먼저 태어나
오직 한 곳에 서서
봄이면 보랏빛 꽃을 피웠고
가을이면
멀구슬 주렁주렁 매달고도
꽃 같은 단풍으로 피어 있는
멀구슬나무의 역사도 아는데

내가 살아온
내 역사는 모르겠습니다
울 만큼 울었는데
아직도 눈물이 필요하여

인공눈물을 넣어야 하고
볼 만큼 보고 살았는데
세상에 처음 보는 일이 많습니다

어쩌면
스스로 기록하는 내 자서전에
오직 장담할 수 있는 일이란
끝까지 두 손 모으는
감사의 기도뿐일 것 같습니다

## 엔딩노트 · 2

석 자 흙 속으로 돌아가지 않고서는 백 년의 몸을 보전하기 어렵고,
이미 석 자 흙 속으로 돌아간 뒤에는 백 년의 무덤을 보전하기 어렵다.
- 명심보감

딸아이가 엄마가 되니 나에게는 자연스레 흡수해야할 할머니라는 호칭이 붙었다. 그날 밤 나는 손주 녀석이 태어났다는 기별을 남편과 함께 나누면서 아이의 탄생기념식수를 심자는 제안을 했다. 그리고 어떤 나무를 선택할 것인가를 연구하다 백일이 지나고 내 나름대로 기념식수의 이름만 <라온목>이라 정해놓고 2월 초쯤 온 가족이 모이는 기회가 있어 그때 심기로 계획하고 있다.

그다지 넓지 않은 뜰과 라온이가 자라는 서울과는 먼 거리지만 꼭 내 집 정원에 손주들의 기념식수를 심을 계획이다. 물론 외손주 둘째 셋째가 태어나거나 친손주가 태어나도 나란히 심어둘 것이다. 그래서 그들이 자라면서 함께 모일 때마다 서로 키 재기를 하고 자신의 기념식수가 건강하게 잘 자라듯이 한 포기의 풀보다 모여서 더 푸르른 풀밭처럼 잘 어우러지기를 바라는 것이다. 그뿐만이 아니다. 내가 죽은 후에는 그들의 밑거름이 되고 숲이 우거지게 하여 자란 후에 그들의 푸름이 될 수 있도록 그들의 기념식수아래 수목장으로 남겨주기를 바라는 것이다.

처음부터 단지에 넣지 말고 기념식수 아래마다 골분 그대로를 골

고루 묻어주기를 바란다. 물론 '죽음'이라는 것에 대해 심각하게 생각해보지 않은 사람들도 있겠지만 우리는 대부분 누군가의 죽음을 마주하며 살아간다. 사실 죽음이란 그리 멀리 있지 않은 것인데도 애써 우리는 외면하면서 살아가는지도 모른다.

지금 이 순간에도 지구라는 별에 살고 있는 누군가는 짐작할 수도 없는 수많은 이유 중의 하나 때문에 죽음을 맞이하고 있지 않던가? 그렇다면 대한민국의 묘지(墓地)면적은 얼마나 될까? 여의도 면적(8.4㎢)으로 따지면 약 120배 정도가 된다고 하니 이쯤 되면 포화상태라고 보아야 될 것이다. 그렇다면 가장 좋은 죽음은 아무 것도 남기지 않고 가는 것이라는 생각이 들 뿐더러 얼마를 살다 생을 마치든지 간에 내가 이 지구라는 별에 태어나서 행복하게 살았다는 것을 생각하면 내 분신, 내 자녀들을 위해 밑거름이 되고 그들의 초록이 된다는 것은 어쩌면 아름다운 죽음이 될 수도 있겠다는 생각이 든다. 미리 영생목을 준비하지 않아도 될뿐더러 내가 죽은 다음에 자녀들이 수고스럽게 벌초라든지 무덤관리를 위해 따로 돌볼 필요도 없지 않겠는가?

모든 것이 흙으로 돌아가니 일부러 귀찮음을 감수하고 오지 않아도 될뿐더러 나 또한 사계를 바람소리와 꽃피는 신음소리 속에서 혹여 가족들이 어느 한순간 잊어버린다 할지라도 외롭지 않을 것 같다. 우리 <라온목>으로는 소나무를 심고 싶고 앞으로 참나무, 향나무, 꽃으로는 수국을, 그리고 손주가 많으면 단풍나무와 영산홍도 심고 싶다. 그래서 이승보다 아늑한 궁궐 안에서 내 아이들의 나이테로 스며들어 푸르고 시원한 그늘이 되어 주리라. 그때 다행히도 지금의 <월출산 여우네> 문학관이 있으니 휴가철이면 내 아들 딸

남매와 그의 사촌, 내 손주들이 뛰어놀 수 있어서 감사할 것이며 기념식수 아래서 할머니를 기억해주는 것만으로도 행복할 것이다. 물론 지금도 그렇듯이 그때도 역시 그들이 내 아이들로 태어나주어서 만족하고 기쁠 것이다. 그런 내 아이들은 이 세상이 어떻게 변해가도 한 번 결혼하여 끝까지 믿음으로 살아가리라 믿는다.

잠시 사랑이 변하는 순간이 있을지라도 서로에게 상처주지 않으리라 믿는다. 딸아이가 결혼할 때 나는 모든 것을 믿고 맡겼다. 선택에서 결혼까지 말이다. 내 아이들은 자기가 선택한 배우자에게 아픔을 준다거나 마음을 힘들게 하지 않으리라 믿는다. 그리고 나는 그런 한결같은 아이들의 사랑과 가족애를 지켜보며 편안한 휴식을 취하리라. 사람은 태어나서부터 여러 역경과 시련을 지나 숨을 거두기까지 고독한 것은 마찬가지다. 그러니 자연으로부터 와서 자연으로 돌아간다는 의미의 죽음은 당연하고 아름다운 순응인 것이다.

뚝심처럼 견고했던 고목도
한 철 꽃 피워 낸 까닭으로
저토록 흐느적거리는데

아득한 밭고랑에 유채꽃
저토록 휘청거리는데
가슴까지 후벼서 씨 뿌려놓은 사월에
내 마음인들 어찌 고요할 수 있겠던가

강산을 덮은 꽃 무더기 속에서

흔들릴 만큼 흔들렸다가
내 가슴에 속잎 돋거든
준비된 바람으로
꽃보다 깊은 숲이 되겠어

# 엔딩노트 · 3

보람 있게 보낸 하루가 편안한 잠을 가져다주듯이
값지게 쓰여진 인생은 편안한 죽음을 가져다준다.
- 레오나르도 다빈치

오늘은 38년 전 이야기를 시작해야 될 것 같다. 윗목에 놓인 대접물이 꽝꽝 얼어붙던 그해 겨울, 온기 꺼진 방에는 눈 얹힌 생솔가지를 아궁이에 밀어 넣고 온 종일 가마니를 짜시던 내 어머니께늘 사소한 일까지도 표독스럽게 다그치시던 아버지의 잔소리까지 외면할 수 있게 했던 녹음기 한 대가 있었다. 중학교 2학년에서 중퇴를 하고 서울에서 8천원의 월급생활을 했던 나는 그나마 알뜰하게 모아 어머니께 선물했던 녹음기였다. 어머니께서는 라디오는 물론이고 좋아하는 노래 테이프를 장만하여 즐겨듣곤 하셨다.

그 녹음기를 놓고 세상을 떠나신지 2년 후 집안 어느 구석에서 낡은 테이프 한 장을 발견할 수 있었다. 은방울자매의 노래가 담긴 테이프였다. 새로운 오디오에 무심코 테이프를 끼워본 후, 나는 깜짝 놀라지 않을 수 없었다. 은방울자매의 "삼천포아가씨"라는 노래 한 구절 녹음 된 어머니 육성이 남아있는 것이었다. 참으로 귀한 어머니의 육성이 담긴 그 테이프를 얼마동안 간직하다 어느 때 그만 잃어버리고 말았다. 내가 엄마가 되어도 내 엄마가 보고 싶을 때가 참 많다.

그래서 즐겨듣던 어머니의 남아있는 육성 노래 한 소절, 내가 어머니의 노래 한 마디 담긴 육성이 이다지 소중할 때 내 아이들에게도 내 육성 한 소절 쯤 남겨 둔다면 위안이 되고 따뜻함이 되리라. 그러한 생각으로 나는 서슴지 않고 좋아하는 노래 몇 곡을 담아 CD로 제작해둔 것이 있다. 생각해보면 마흔을 막 넘으면서부터 날마다 집안을 정리하듯 내 인생도 은연중에 차근차근 정리하는 습관이 몸에 배어 있는지도 모르겠다.

죽음은 도처에 있고 불현듯 다가온다. 그렇게 누군가에게 닥친 죽음은 남은 이에게 삶의 의미를 돌아보게 만드는 것이다. 사람들은 죽음이라는 단어를 입에 올리는 것을 꺼려한다. 듣는 것도 싫어해 '하늘소풍' '아름다운 마무리' 같은 은유적인 표현을 쓰기도 한다. 하지만 죽음을 떠올린다고 죽음이 다가오는 것이 아니며 죽음을 자신의 삶에서 최대한 멀리 미뤄둔다고 피해갈 수 있는 것도 아니다. 죽음을 생각하는 것은 곧 좋은 삶을 살 수 있는 계기일 수도 있다. 현재 삶에서 더 행복하고 아름다운 것을 꿈꾸는 것, 그 또한 좋은 죽음을 맞기 위해 가장 필요한 것들을 바로 지금 생각하고 준비할 때 사소한 일상이라도 훨씬 희망차고 활기차지 않겠는가?

그래서 나는 장례식 날 상영할 파워포인트(PPT) 영상도 만들 예정이다. 조문객들이 내 영상을 보면서 나의 삶을 추억하기를 바라며 그들에게 직접 인사를 전할 수 있도록 PPT 안에 메시지를 녹음해 소중한 이들에게 나의 마음을 직접 전할 수 있도록 할 것이다. 그리고 세상에서 가장 아름다운 내 장례식장을 내가 준비해두고 싶다. 시인이라는 이름으로 살았으니 또 수필가라는 이름으로 살았으니 살면서 책으로 엮어둔 저서들을 조문객들에게 나눠드릴 수 있도록 장례식장에서 출판기념회를 가졌으면 한다.

CD에 담긴 내가 부른 노래를 들으며, 내 영상을 보며, 할 수만 있다면 남아있는 작품들을 꺼내어 시화전도 함께해서 작품도 감상하고 맘에 들면 누구라도 들고 갈 수 있었으면 좋겠다. 내 자녀들은 어머니의 삶에 자랑스러움과 기쁨으로 맞이해주었으면 좋겠다. 물론 부모와의 끈을 놓치는 것은 곧 하늘이 무너지는 일이라 했다. 그러나 그러한 큰일을 감당하면서 성숙한 자세로 편안한 마음의 평정을 잃지 않았으면 좋겠다.

나는 평상시에 아이들에게 일러둔 말이 있다. "너희들로 하여금 어떠한 대접이나 호강을 바라고 원하지 않는다. 하지만 내게 못했던 작은 것으로 너희 마음이 아플까 그것이 염려된다." 는 말을 한다. 모든 부모는 자식이 어떤 일로도 아프거나 상처 받기를 원하지 않는다. 부모를 잃었다는 허무함과 헤어진다는 아쉬움으로 두 발을 동동 구르며 흘려야 할 눈물도 많을 것이다. 그러나 울지 않고 의연하게 세상에서 가장 아름다운 나의장례식이 될 수 있도록 차근차근 준비해가고 싶다.

그 사람의 아름다움을
그 사람이 볼 수 없는
그 뒷모습이 있습니다

따뜻한 가슴으로 품어
아린 가슴으로 용서하고
훌훌 털린 단출한 모습으로 돌아서는
그 뒷모습은

그지없이 아름답습니다

자신의 삶이라도 알뜰히 살아
뒤에서 바라보는 이의 거울이 되는
그 아름다움은
자신만 볼 수 없는
등불 같은 것입니다

박춘임 수필집

인생 그 아름다운 중독

초판발행일 2021년 8월 17일

지은이 : 박춘임
발행인 : 김순진
편집장 : 전하라
디자인 : 김초롱
펴낸곳 : 도서출판 문학공원
등 록 : 2004년 3월 9일 제6-706호
주 소 : (우편번호 03382) 서울 은평구 통일로 633
녹번오피스텔 501호 스토리문학사
전 화 : 02-2234-1666
팩 스 : 02-2236-1666
홈페이지 : http://www.munhakpark.com
이메일 : 4615562@hanmail.net

※ 책값은 뒤표지에 있습니다.